智本论

008 ▶

智本论·人口经济

智本社——著

中国经济出版社
CHINA ECONOMIC PUBLISHING HOUSE
北 京

图书在版编目（CIP）数据

人口经济／智本社著．-- 北京：中国经济出版社，2024.6

（智本论）

ISBN 978-7-5136-7761-5

Ⅰ.①人…　Ⅱ.①智…　Ⅲ.①人口－关系－经济发展－研究－中国　Ⅳ.① C924.24　② F124

中国国家版本馆 CIP 数据核字（2024）第 093072 号

责任编辑　张梦初　高　鑫　戴　瑛

责任印制　马小宾

封面设计　卓义云天

出版发行　中国经济出版社

印 刷 者　北京艾普海德印刷有限公司

经 销 者　各地新华书店

开　　本　710mm × 1000mm　1/16

印　　张　15.25

字　　数　142 千字

版　　次　2024 年 6 月第 1 版

印　　次　2024 年 6 月第 1 次

定　　价　65.00 元

广告经营许可证　京西工商广字第 8179 号

中国经济出版社 **网址** www.economyph.com **社址** 北京市东城区安定门外大街 58 号 **邮编** 100011

本版图书如存在印装质量问题，请与本社销售中心联系调换（联系电话：010-57512564）

序：追问

在这个时代，提出一个好问题比解惑更为珍贵。

2008年以来，我们经历了什么？金融危机、债务危机、政治民粹运动、经贸摩擦及逆向全球化、新冠疫情大流行、史诗级股灾、供应链危机、生育率断崖式下降及人口危机、国家冲突及战争、能源危机、粮食危机、国际秩序崩坏……世界，正滑入“马尔萨斯陷阱”吗？

每一个大问题都关系到人类的前途和个人的处境。但是，现代人追问能力的退化及网络传播下信息的泛滥，让问题变得复杂与神秘。

金融危机为何爆发，是美联储加息所致还是降息所致？是格林斯潘的问题还是美联储的问题？是美联储的政策问题还是制度问题？是监督制度问题还是全球央行及法定货币制度问题？全球央行及法定货币制度问题的本质又是什么？货币理论是否有问题？

显然，后危机时代，我们并未深刻认识到这些问题，以致金融体系不可挽回地恶化，货币沦为“公地悲剧”。集体行动如何避免“公地悲剧”？国家组织扮演了进步角色还是成为始作俑者？国家为何陷入“诺斯悖论”？

法国大革命后，民族主权国家成为人类进步的重要力量，国家现代化已是大势所趋。在全球化时代，民族主权国家与经济全球化是否会产生矛盾？当下，国家冲突是否与这一矛盾有关？全球一体化的认知是否有误？未来，国家组织如何演变？

为何有些国家经济增长快，有些国家则陷入停滞？为何有些国家的经济增长快但家庭财富却增长慢？这种经济增长模式是否可持续？当货币增速长期大于经济增速时，经济将走向何方？当经济增速长期大于家庭收入增速时，经济又将如何演变？

贫富分化是这个时代不可回避的问题。贫富差距的原因是什么？何处存在正当性和不正当性？货币政策是否加剧了不平等？福利主义是否破坏了公平竞争？

人口危机又是一大社会焦虑。生育率下降的合理因素是什么？

生育是否是必需品？额外因素是否增加了生育成本？老龄化的问题是养老问题、增长问题还是制度问题？通货膨胀、公共养老制度是否恶化了养老问题？

困惑，亦是我写下百万字且继续写作的动力。长期以来，我追问的线索是经济学的思维，即个人经济行为。不过，经济学“埋雷”无数，同样需要不停地追问。

追问不止，笔耕不息。智本社，与思想者同行。

清　和

2022年6月，深圳

前言

人口问题已经成为全球性难题。“智本论”系列的第八本图书《人口经济》聚焦人口话题，从经济学视角讨论现阶段人口问题对经济可能产生的影响及相应的对策。

本书前四个部分分别为“婚姻经济学”“人口经济学”“教育经济学”“社会经济学”：从家庭、教育、社会就业、养老等角度探讨人口问题、影响及其对策；后两个部分为“大家治学”和“经济思想”。

家庭作为一个社会最基本的组织，个体的家庭观、婚恋观越来越影响全社会的人口数量和结构。

当一个家庭处于组建初期，涉及的彩礼被有些人看作是“陋习”，但被另一些人看作是传统的延续，《为何存在“天价彩礼”？》认为，婚姻本质上是一种抗风险制度，彩礼是新家庭的一笔“启动资金”、一笔“信用投资”，帮助新家庭代际继承财产、增强信用。

“婚姻经济学”章节里的另一篇文章《如何理解婚姻？》聚焦人类婚姻制度变迁中的经济学现象：从杂婚、群婚到专偶婚，“现如今自由恋爱婚姻是一个市场发现程序”。

第二章“人口经济学”包括四篇文章。《生育率为何走低？》文中解释，生育率走低与经济增长呈现正相关，“随着经济增长，国家人口生育率逐渐降低、最终稳定在低生育水平”。且进一步探讨：一味干预生育会产生怎样的后果？

《如何应对老龄化？》则从不同角度讨论了在老龄化社会到来之前的可能性对策：包括降低生育成本、强化养老保障和社会保障等。《延迟退休：老龄化的必然？》一文还从延迟退休角度切入探讨了老龄化对策。

作为一种生产要素，人口即劳动力也存在边际递减效应。《如何提高人力资本？》将人口因素放置于经济生产活动中考量。提高人口资本同样是经济高质量发展中一个重要的“转型”问题。

教育是父母都绕不开的话题，教育也是提高人口素质的基本途径。该如何看待当下围绕教育而产生的焦虑、争论？《何谓大学？》《如何创新？》这两篇文章讨论了教育的底色、创新的本质，以期促进科技创新和社会发展。

“社会经济学”这章重点讨论了就业问题。对大多数普通人来说，人工智能技术可提高效率，但也造成了就业“替代”的焦虑。如何看待生产效率提高与失业的关系？《机器人会抢走我们的工作吗？》一文从20世纪大萧条出发来讨论这一点，并大致分为乐观派、悲观派和折中派三类来回顾不同经济学家的理论及态度。

《发展制造业与扩大就业相悖吗？》一文落地到具体的行

业，提出面对制造业增加值上涨但制造业就业人口下降的“悖论”，需要跳出产业/部门孤立统计的视角，在有效需求基础上发展先进制造业。

内卷化在经济学中的讨论最早源于小农经济，但在经济学视角中，内卷其实就是“边际效用持续递减的过程”。《内卷化焦虑》认为，如今全球经济增速放缓，现代化国家陷入了集体内卷。《家，会消失吗？》讨论了一个看似遥远的问题“家庭会消失吗？”，但这种追问却可以在家庭组织演变的研究中进一步探索老龄化的本质。

本书的“大家治学”章节介绍了萨缪尔森。萨缪尔森曾经被誉为经济学领域的最后一位通才，他所撰写的经济学教科书成为全球经济学院的标准教材。但是，经济学界也不乏对萨缪尔森的批判，如何理解萨缪尔森对凯恩斯的学习和“继承”？

最后一个部分“经济思想”集中讨论了互联网大数据及技术发展问题。现代人每天通过网络搜索、交换和获取信息，那么，大量依托于平台产生的数据所有权到底归属哪方？看上去，平台可以掌握所有用户的大数据并据此营销获利。《数据特权、数据产权与数据主权》一文用数据交易市场的关系来厘清这一问题，数据主权的确定未来会越来越重要。

《信息技术与经济引擎》则从实证的角度讨论了信息技术革命与经济增速的关系，信息技术为经济带来的增长效应是毋庸置疑的，为何在劳动生产率的实际统计中没有突出表现？未来的技术革命与过去的技术革命有什么区别？文中重点讨论了以上问题。

最后，期望读者能够在阅读本书的过程中获得知识与乐趣，以经济学的思维思考工作和生活中的现象与问题。本书如有疏漏之处，还望读者给予批评指正。

目录

经济思想

婚姻经济学

经济学是研究人类经济行为的学科，而人类的婚恋观、婚姻行为历经千年，从古代到现代的演变，不仅与社会体制的进化有关，亦可从经济学的视角来解读。

天价彩礼、七年之痒，虽然与人性的个体差异有关，但如果从风险投资、机会成本、边际效益递减等理论来理解，对当下的男男女女来说，是否会有一番新感悟？

为何存在“天价彩礼”？

彩礼，隔三岔五成为大众争论点。

有人说，中国早已禁止买卖婚姻，彩礼是一种涉及金钱交易的婚姻陋习，是对女性的婚姻歧视。也有人说，彩礼是一种礼节，是中国婚姻文化传承的礼仪。还有人说，天价彩礼是一种通胀现象。

01
婚姻与风险

婚姻，是一种抗风险制度。

无论是原始族群、农耕社会，还是现代社会，人到了一定年龄大都会有一种共同的想法，那就是结婚。无论是欧美人，还是东方人，到了适婚年龄也会考虑走入婚姻的殿堂。

这是为什么？

是生理驱动，还是一种经济行为？经济学家认为，婚姻是一种经济行为。既然是经济行为，就包括收益、成本与风险等因素。人生活在这个世界上会面临一定的风险，既有繁衍的风险，也有经济的风险，还有生存的风险，而人类对抗风险的一个共同路径是集体行动，形成具有效率的组织，比如原始族群、宗族氏族、城邦联盟、宗教团体、现代国家、企业组织等。这些组织能够对抗经济与生存的风险，但是无法解决繁衍问题。繁衍，需要两性共同合作、共同行动，于是就有了婚姻制度，在婚姻制度上形成家庭组织，这也是养育孩子的最优组织。

人类历史上存在不同的婚姻制度，但目的都是对抗风险。原始族群采用群婚制度，即一个族群与另一个族群集体通婚。这种婚姻制度虽然没有形成家庭组织，但可以避免滥交和乱伦导致族群灭绝。

农耕社会普遍采用一夫一妻多妾制度，而且有一整套婚姻制度来控制风险。多妾是男权社会保持多生育的不平等制度，降低适婚年龄、提早生育是为了更快繁衍后代。

家庭，是农耕社会农业生产最重要的经济组织，当时成家立业的经济学含义就是建立一个经济组织来提高产出效率。家庭人口增加，也就是劳动数量增加，家庭通过有计划的管理和男女分工来提高生产效率，最后通过繁衍后代来拓展投资预期和跨代际投资。

进入现代社会，自由恋爱的观念逐渐深入人心，恋爱、结婚与离婚都成为个人的自由，虽然自由婚姻比传统婚姻的风险更大，但效率却更高。不过，随着科技与制度持续进步，人的寿命越来越长，人的经济独立性也越来越强，家庭不再是最有效的经济组织，取而代之的是企业组织。经济越独立的人越不急于结婚，因为他们在企业组织中可以获得足够的经济保障。结婚年龄不断往后推移，晚婚、不婚的群体在扩大。

现代社会，婚姻对抗风险的作用越来越弱，似乎只剩下繁衍后代的功能。考虑到生育成本、结婚成本，很多人选择不婚或不生、少生，婚姻制度和家庭组织逐渐失去了经济效率与社会竞争力。正如当企业经营遇到风险时，你希望引入投资人来共同抵抗风险。但是，引入投资人也是有风险的。你不知道哪个投资人是合适的，投入多少资金适合，你需要让出多少股权和决策权，等等。所以，现代社会的生存风险、经济风险，被国家组织、企业组织等化解，婚姻制度和家庭组织抗风险的作用正在下降。

结婚也存在风险，概括起来有三种：一是信息不对称产生的风险；二是结婚的经济成本与机会成本；三是违约风险，即离婚，会产生经济损失、情感伤害等。

每个人在寻觅对象时，信息都是有限的。要扩大搜寻范围和加大力度，就需要支付更多的信息成本，即交易费用。古代的信息成本更高，门当户对、媒妁之言和包办婚姻的存在就体现了降低交易费用和结婚风险的目的。

在现代自由的婚姻市场中，人也是在有限的信息下、有限的交易费用下做边际选择的。找对象找的是当时边际成本最低、边际效用最高的那个人。相对应地，边际收益却递减。

这就是结婚的不确定性风险，这个风险来自信息不对称约束下的边际决策。边际成本与边际效用因时间而变化，如果技术水平（夫妻相处之道）不变，边际情感会随着时间的推移而递减。所以，婚姻最大的考验是时间，我们要做“时间的朋友”。

如果离婚，即违约，婚姻的成本可能更高。夫妻双方走到离婚路口都会计算各自的得失，尽力挽回在这桩失败婚姻上的投资损失。夫妻散伙的经济账要比公司散伙更难计算，如果妻子是全职家庭主妇，十年如一日地抚养小孩、照顾公婆，这就很难用货币去衡量她对家庭的贡献度。另外，比经济账更难厘清的是，孩子的抚养权归属及双方付出的机会成本。

相对来说，女性的机会成本要大于男性。受生育影响，多数企业接受女性的最佳工作年龄在20~30岁，男性的最佳工作年龄超过30岁。虽然现代女性在经济价值上的贡献度不断提升，但是受限于社会共识，生育后，女性求职越来越困难；并且相亲市场依然盛行“大龄女性的议价能力不如大龄男性”的观点，造成女性婚恋、生育的机会成本大于男性。因此，欧美国家或地区的婚姻法往往对女性有所照顾。

婚前与婚后都有成本，本书讨论的彩礼，是结婚的直接成本。这项成本的高企，正在成为年轻人婚姻的难题。

02
彩礼与投资

彩礼，也叫聘礼、财礼、礼金，在婚姻约定初步达成时，一般是男方家赠送给女方家一定的钱物。

彩礼是结婚行为的直接成本，但也是一笔投资。

根据前文的分析，婚姻是一种抗风险制度。抗击风险除了出人（男女双方），还得出钱（彩礼等），就好比两个人为了降低风险合伙成立企业而共同出资，这笔费用就是直接成本，也是一种投资，即原始启动资金。男女双方结婚，组成新的家庭，就像合伙开个新公司，需要一笔投入。这笔资金用于婚礼宴请、购买婚房、购买家具、置办嫁妆、女方出嫁婚宴、提前支付女方父母的养老金，等等。

在农耕时代，婚礼宴请、购置家具和日用品既是消费，也是投资。在古代封闭的环境中，人生活在差序格局中，家庭信用是生存之本。古代农村不是货币经济，物资又匮乏，交换难度大，拆借与信用担保是主要的交换方式，比如借工。信用关系到这个人在当地的生存处境。

如何增强信用？一般有三种方式：成年束发、成家立业和金榜题名。首先得成年，男子行冠礼，女子行笄礼，个人信用开始产生。成人礼过后就有婚姻资格，结婚成家意味着个人信用过渡到家庭信用上。金榜题名则是官方给定的信用。

结婚成家为什么能够提高信用？一是结婚成家意味着男女双方、宗亲好友对个人能力与信用的初步认可；二是新的家庭有资产兜底，资产规模越大，家庭信用越高；三是家庭组织有效率，男女双方分工合作，可以增强抗风险能力；四是家庭是一个约束性组织，每个角色都有责任与任务，让人更有担当、更加努力；五是家庭有沉没成本，沉没成本不仅包括资本，还包括孩子，沉没成本越高，可靠性越强。

所以，购置的家庭资产越多，比如房产、家具、日用品等，家庭的信用就越高。婚礼宴请是新家庭增加信用值的重要途径。一般，宴请规模越大，赏脸的人越多，代表着这个家庭在当地越有地位。农村的婚丧嫁娶都尽量大办，越大越有面子，给人感觉越可信。这好比公司开张、乔迁时，在豪华酒店宴请亲朋、客户与供应商，会给外界释放更强的信用信号。婚礼宴请促进了家庭信用的代际继承，一般是父母及宗亲的家庭信用传递到新人组成的新家庭。

所以，婚宴、房产、家具等一次性投入成本越高，沉没成本越大，父母及宗亲的信用担保越强，新人的家庭信用就越高，最终提高新家庭的经济效益和社会效用。

古代最重要的信用投资就是彩礼。彩礼规模大说明男方家经济实力强大，在当地与女方家能够建立一定的信用。与彩礼相辅相成的是嫁妆。女方家收到彩礼后，会拿出一定的财物给予回赠。古代的嫁妆有着严格的品类规定与寓意；现在的嫁妆可能是衣服、家具、日用品、饰品、黄金、车辆、房产等。

嫁妆有两种作用：一是礼仪，嫁妆越多，仪式越丰富，寓意越好；二是资产信用，嫁妆越多越值钱，代表着新人家庭的信用资产越多，抵抗风险的能力越强。

问题是，回赠多少嫁妆才合适？这困扰了很多新人，尤其是新娘。一般情况下会根据当地习俗双方协商确定。现在有些地方的嫁妆比彩礼多，但在古代，嫁妆一般不会超过彩礼，女方家不会全部回赠，会留一些彩礼。为什么？

古代的女方家留一部分彩礼，主要用于女方出嫁婚宴和提前支付女方父母的养老金。女方家也需要维持家庭信用。在古代女儿出嫁，意味着劳动力流失，家庭资产减值。为了尽量维持家庭在本地的信用，女方家一般会留一些彩礼，用其中的一部分办出嫁婚宴，以彰显自家实力尚存，也显示女儿嫁给了有实力的家庭。

女方家还会留一部分彩礼作为养老金。按照古代的习俗，女儿出嫁后不能继承家庭的遗产，也不再承担赡养父母的义务，只负责侍奉夫家的父母。女方父母选择在女儿出嫁时一次性收取女儿的养老金，这笔费用由男方家以彩礼的方式支付。如果女方父母有儿子，这笔养老金会转化为儿子娶媳妇的彩礼。这相当于用女儿换取了一笔养老金，然后用这笔养老金娶一个儿媳来养老。

如果男方给出了大量彩礼，但女方父母“截留”了大部分作为养老金，回赠的嫁妆很少，男方家会感到“吃亏”。所以，在这种婚姻制度中，男方家承担了所有的货币风险。当彩礼价格上涨时，男性结婚的压力就会增加，而女性又成为“被交易”的受害者。

在农耕时代的婚姻制度中，婚姻的直接费用，不是男女双方共同出资，至少不是共同出货币资金。这时婚姻的合伙模式是，男方家出钱，女方家出人。它好比两个人合伙开公司，一人出钱，按资本入股；一人出力，按技术入股。为什么是男方出钱？因为古代农耕社会的男性是财富创造的主力，女性则在生育方面的贡献与牺牲要更大一些。

但是，这种合伙模式如果不加以约束可能会产生问题。出资的股东投钱买设备、租赁办公室，支付了大量的沉没成本，而出力的股东没有这方面的约束。出资股东担心出力的股东不干活或不努力干活，导致投入的钱打水漂。当然，出力的股东也会担心出资的股东半途而废。

这时，他们会一起协商、达成共识，建立一些约束性的制度和激励性的政策。比如，合作期内，出力的股东不能退出，出资的股东不能抽资。但是，总体来说，对出力股东的约束要更大一些。

这就是资方对劳动的雇佣逻辑。古代的婚姻关系更像这种雇佣关系。

在古代社会，男方家承担结婚的所有经济费用，一次性支付彩礼，相当于单方面承担了所有的沉没成本和货币风险。因此，男性比女性更有动力建立约束性的婚姻制度。与合伙开公司类似，出资方对出力方的约束更多，也即这种婚姻制度对女性的约束比男性要大得多。

古代社会由于男性掌握了社会规则的制定权，他们对女性的约束远远超出了经济范畴。比如，女方不能经常回娘家，不能把大量的钱财拿回娘家，在夫家要孝顺老人、生儿育女。女方在夫家干的活越多，生的男丁越多，男方家这笔投资收益就越高。如此，婚姻制度将原本的雇佣关系变为不平等的残酷的附庸关系。

所以，彩礼既是新人结婚的一项成本，也是新人家庭的一笔投资。古代社会有一整套制度与习俗来管理这笔投资的风险与收益。

但是，进入现代社会，这套制度与习俗分崩离析，结婚的风险大大增加。

03

行为与价格

在现代婚姻制度下，婚礼是一种获得快乐与祝福的仪式，夫妻双方是平等关系，男方不能只约束女方而放任自己，女方也需承担自己父母的养老义务。但是，婚姻规则改变了，婚姻的经济行为却没有发生改变。

中国很多地方依然沿袭了彩礼与嫁妆的习俗，彩礼还是男方出，嫁妆还是女方出，但彩礼多少没有了标准，嫁妆也是五花八门。彩礼多，还是嫁妆多，因人而异。在今天，一百户人家的彩礼，可能有一百种不同的仪式、规则与价格。如此就产生各种不同的情况，有些人的结婚风险降低了，有些人的风险则难以控制。

有些地方、有些家庭的嫁妆比彩礼多，女方家会拿出一部分财物与彩礼一起回赠。有些女方家给女儿置办大量黄金首饰，购买汽车、房产作为“陪嫁”。这相当于男女双方共同出人，也共同出资，共担货币风险。这种出资模式与现代婚姻制度是相匹配的。

经济落后地区，家庭经济实力弱，观念相对保守，更多地继承农耕时代那套婚姻习俗。有些女方父母经济收入少，没有社保，如果女儿出嫁，养老可能是一个问题。虽然现代婚姻制度要求女儿也有扶养父母的义务，但有些父母内心依然只接受儿子养老，不愿意在女婿家养老，也不愿意向女儿要生活费。现在很多是独生女家庭，“养儿防老”愿望落空，持有这种心态的父母就更加焦虑，更渴望有一笔养老金。同时，在这种家庭中，男权色彩浓厚，女儿通常没有发言权。因此，他们的做法倾向于农耕时代，一次性收取女儿带来的养老金。

一些落后地区还存在这种现象：双方父母第一次见面达成婚约，男方一次性支付几十万元彩礼，或打个欠条，当天就可把女方接走。女方家没有嫁妆和婚礼，也没有任何结婚仪式。女方父母收获全部彩礼用于养老，抑或是给儿子结婚作彩礼。女方当事人也没有任何发言权，她的父母会尽量给她灌输传统观念，设置一种类似于古代婚姻制度的条件，以降低男方的货币投入风险。

相反，在经济发达地区，家庭经济收入高，女方父母不需要女儿支付养老金。同时，他们还有经济条件支持女儿的新家庭，为他们投入更多的货币、房产、汽车等财物，提高新人家庭的抗风险能力。

在古代婚姻制度下，经济条件好的父母也会给女儿增加“筹码”。女方家虽然不是货币出资方，但是也要防范男方随意毁约的风险。有钱的女方家庭会给女儿置办更多的嫁妆，包括一些田地，这相当于划分一部分家产给女儿。对女方家来说，更多的嫁妆能够提高新人家庭的资产信用，更重要的是还能够提高女儿在夫家的地位，降低被强势男方毁约的风险。根据古代婚姻制度，嫁妆是女方的私人财产。如果男方家毁约，女方还有这笔资产作为经济支撑。这好比为了降低出资股东突然撤资的风险，出力的股东每月都给自己购买社保，为失业和养老提供保障。

在现代婚姻制度下，女性不需要为此担心，但有些经济实力强的父母还是愿意为女儿提供一笔婚前财产。这笔钱财属于女方的私人财产，它既有继承财产的含义，也有抵抗离婚风险的作用。

当然，更多的女方父母处在中间状态。他们可能不需要太多的礼金，使新人家庭负担少一些，女儿、女婿能够轻松上阵多赚点钱，甚至还给女儿帮忙带孩子，跟着女儿一起生活和养老。还有一些女方父母在分配彩礼时会在女儿的嫁妆和自己的养老金之间权衡。如果自己养老压力大一些，又不希望给女儿增加养老负担，可能会多留一些彩礼作为养老金；如果担心女儿的生活压力大，可能会拿出一些彩礼作为嫁妆。

最重要的是，婚姻市场类似于风险市场，存在一定的逆向选择。很多人认为逆向选择是市场失灵，相反，这是市场“显灵”。例如，规模越大、经营越稳健、抵押物估值越高、流通性越好的企业，银行越愿意放贷，利率可能还更低。相反，如果一家企业高负债，抵押物估值正在不断缩水、流通性很弱，即便它愿意接受高于市场数倍的贷款利率，银行也不敢给它放贷，因为银行也要对自身经营负责，这种结果是市场“显灵”。婚姻市场也是如此，经济条件越好的男性，议价能力越强，女方家要求的彩礼越低，或者不在乎多少彩礼，回赠的嫁妆也越多。经济条件越差的男性，议价能力越弱，女方家越担心风险，则要求男方家拿出更多的现金作为信用担保，即需要支付更多的彩礼。所以，经济越差的地方、经济条件越差的家庭，需要支付的彩礼反而越多。

江西与广东是一个鲜明的对比。江西男女出生的比例不算失调，与全国平均水平相当。江西是一个人口流出大省，流出的青年男性比例也比青年女性更高。但是，这两项数据并不能说明问题，反而可能存在误导。流出的青年女性，不少选择外嫁，她们大都选择外嫁广东等地区的家庭，回家结婚的不多。但流出的青年男性，多数主动或被动地选择回江西老家结婚。如此，选择在江西结婚的适婚男性数量要大于女性，婚姻自然变成女方市场，彩礼价格也持续上涨。

彩礼价格上涨还是一种通胀现象。

婚姻市场多多少少会反映一些货币现象，彩礼贷是直接反映途径，但不是深层原因，深层的症结可能还是在于近年来飞速上涨的房价。房地产的锚是城市生存权，主要是优质学位权和择偶权。海量货币流向房地产，两大刚需支撑的学位房和婚房价格水涨船高。如此，结婚成家、生育的成本就大幅度上升。这是一种成本传导现象。

当然，有些父母已经跳出了彩礼的概念，要求男方家或双方共同出钱购买婚房，提高新人家庭的抗风险能力。房子成为结婚最大的成本（投资），房价上涨越快，结婚的成本也就越高。

如何理解婚姻？

婚姻中激荡的总是人性中最真实的声音和画面。本节以婚姻制度历史为脉络，用经济学原理解读婚姻行为。

01
活下去

在西进运动[①]期间，一位名叫路易斯·亨利·摩尔根的美国人，对印第安人的遭遇颇为同情。于是，他成立了一个大易洛魁社，帮助塞内卡部落人夺回被诱骗出卖的土地，并筹款给塞内卡部落的子弟上学。

后来，摩尔根成了这个部落的英雄。这段经历促使他对印

① 美国东部居民18世纪末至19世纪末期间向西部地区迁移的运动。

第安氏族社会产生了浓厚的兴趣，在部落领袖艾利·帕克的帮助下，摩尔根展开了深入的研究，写出了著名的《古代社会》。1882年前后，马克思读了这本书，并做了详细的批注。不久后，马克思与世长辞，恩格斯在收拾他的遗物时发现了这些批注，便决定继承马克思的遗志，写出了《家庭、私有制和国家的起源》一书。

恩格斯认为，私有制下的婚姻演变为一场交易，而"只有继续保持爱情的婚姻才合乎道德"。这一主张应该说到现代女性心坎上去了。不过，摩尔根的发现或许更接近本质——家庭是一个发现程序，遵循类似于万科的"活下去"原则而演进。当时的婚姻是杂交群婚，没有长幼亲疏之别。但是，这种婚姻制度经过漫长的演变后，人类逐渐发现一个问题，痴呆、弱智、残疾越来越多，这是近亲繁殖产生的结果。

后来，又不知道过了多少年，人类发现了一个解决近亲繁殖的办法，那就是"混个血呗"——我这个氏族男性或女性集体娶到或嫁到你那个氏族去。这就是集体群婚，氏族的战斗力一下子强大起来了。

"混血儿"的道理，几万年前的原始人就明白。恩格斯在书中说："毋庸置疑，凡近亲繁殖受到一定限制的部落，其发展一定比那些依然把兄弟姊妹婚姻当作惯例和规定的部落更加迅速，更加完全。"集体群婚还有一个重要理由是，"维持成年雄性的相互宽容，消除嫉妒"（苏联史学家谢苗诺夫）。

嫉妒，反映在所有哺乳动物的争夺交配权上，它很可能导致族群“团灭”。

人类学家发现十几万年前，欧洲有一个被称为尼德特人的种族，骨骼化石研究表明，他们身材高大，体魄强健，但后来却神秘消失。人类学家推测，这一族群可能覆灭于因嫉妒引发的内斗。

恩格斯发现，普那路亚家庭规定，姐妹与兄弟之间不可通婚，要与外族通婚来维持本氏族的和谐，消灭嫉妒，壮大族群。后来，氏族社会的战斗力越来越强，三五成群地开始分化，独立组建“家庭”，各谋“远大前程”。这就进入了对偶婚制。

对偶婚制的表现形式通常为一个女人配多个男人。这就是母系氏族社会。云南、四川一带摩梭人的“走婚”实际上是这一婚姻制度的延续。

为什么不是一个男人配多个女人？当时，生产力低下、人口死亡率高，而“家庭”的延续是关键，所以生育权大于狩猎权，女人拥有生育能力，自然成了对偶婚制时代的主宰。在当时，生育能力最强的女人，要配精壮、狩猎供养能力最强的男人。所以，在相当长一段历史时期，即便是母系氏族社会，人类都是依据生育能力、供养能力，而不是血缘关系，更不是罗曼蒂克式的爱情主义来决定交配权。

当时，一切权力都要让位于部落的生存权，甚至包括交配权。

谢苗诺夫在《婚姻和家庭的起源》中指出，原始人有一种“性禁忌”规则，要求在狩猎时期或者捕鱼时期，禁止任何的性交活动，甚至禁止接触与女人有关的东西，否则就被认为是触犯神明，乃是死罪。因为狩猎和捕鱼，关系族群的生死存亡，这时候如出现因为性的争夺而引发的内乱，势必导致族群的覆亡。

再后来，人类的战斗力越来越强，生育权的重要性逐渐被狩猎权所替代，女人生育权没能完全碾压男人的经济能力，母系氏族逐渐向父系氏族过渡。对偶婚制就变成了一个男人配多个女人，之后再演化为专偶制。

此时，供养能力对交配权起到决定性的作用。恩格斯对这部分做了精彩的描述，他认为这个阶段的婚姻制度属于专偶制，并且是由财产私有制来推动的。

人类学家发现，盐的发现和使用，推动了男权社会的崛起。男人狩猎的战利品可以通过腌制来保存，男人的地位提高了，腌制的剩余财产逐渐催生了私有制。这样人类就从原始狩猎生活，过渡成为定居的农耕生活。

恩格斯认为，财产私有制确立后，男人要确定财产是被自己的亲生儿子继承，这样就必须独占女人，从而形成专偶制。如果是一对一的专偶制，会产生较大的繁衍风险。这个时候男权社会选择控制女人来确认私有权，同时又与多个女人发生性关系，增强繁衍能力。

恩格斯的结论是，私有制下，男人彻底统治了婚姻，女人沦为男人的附庸和财产。“男子的劳动就是一切，妇女的劳动是无足轻重的附属品。”

恩格斯指出，女性逐渐走向被压迫和被剥削的地位，其最根本的原因是私有制的产生。最后，他提出解放女性的口号，号召“女性除了真正的爱情原因之外，不会也不应该出于其他动机而委身于男子”。

02
别富贵

其实，财产私有制是否导致专偶婚姻，还值得商榷。

婚姻制度的演化是一个非常缓慢的过程。按照奥地利学派主张的“自发秩序”，专偶婚姻很可能不是财产私有制催生的，可能恰恰相反，婚姻催生财产私有制。

氏族社会中，由于战斗力增强，氏族逐渐分化成小氏族、“家庭”单位。在“家庭”单位中，确认自己成员最好的办法就是母系而不是父系。“孩子确定是我（女人）的，但不一定是你（男人）的。”

在漫长的母系氏族社会，先有家庭成员的“私有化”，然后一起战斗，获取剩余猎物，形成家庭私有财产。

“姓”产生于母系社会，“姓者，生也”，用来“别婚姻”，防止乱伦。到了父系社会才有“氏”。

早期的“姓”不少都有女字旁，如姬、姜、嬴、姒、妫、姞、妘、娲、姶、嫪等，说明出自早期母系氏族社会。氏，一般是强大的部族有功赏赐而来的，用来“别富贵”。很多氏，源于姓，被母系某姓大族所封。

如皇帝姓姬，轩辕氏，又称有熊氏；秦始皇，姓嬴氏赵，司马迁在《史记》里称他为“赵政”；商鞅，“商”就是“氏”，是因为变法有功被封在商地的，获得商氏。

从“姓”到“氏”，这是一个漫长的权力演变过程。

最开始，婚姻还没完全被男性统治，女人在婚前还可以有性行为。历史上，不少地方都存在“杀首子”的风俗，以求保证血缘的纯净，而这种残酷的做法实际上说明女性的地位在下降。

到了先秦时期，父系氏族已得到强化，不过还是能够感受到浪漫主义的爱情。如《诗经·卫风·硕人》的“巧笑倩兮，美目盼兮”,《诗经·郑风·野有蔓草》的“有美一人，清扬婉兮”。可见，当时民风比较开化，但大多数是男子追求女子，也体现了男女地位的严重倾斜。

先秦时期基本上形成了一套“父母之命、媒妁之言”的婚姻制度。如《诗经 · 齐风 · 南山》的“取妻如之何？必告父母……取妻如之何，匪媒不得”，《礼记 · 曲礼上》的“男女非有行媒，不相知名。”

后来，西汉的董仲舒提出了三纲五常学说，即“君为臣纲，父为子纲，夫为妻纲”三纲，以及“仁、义、礼、智、信”五常之道。这个制度虽然有了很大进步，但也是遵循“活下去”的法则。“父母之命，媒妁之言”“夫为妻纲”“一夫一妻多妾”等教条，确保了家族稳定、快速、高质量繁衍。

当时生产力和医疗水平低下，寿命和生育期都很短，信息又不对称，男女如果自由恋爱很容易错过最佳生育期，从而导致“无后”。所以，最佳的解决办法是，父母之命把关，媒婆因信息相对充分，帮助找到门当户对人家，最大限度地降低搜索成本，提高契合度。

秦朝的刻石就有婚规：“贵贱分明，男女礼顺，慎遵职事。”到了汉代，门阀士族盛行，更加强化门第，唐代也有“民间修婚姻，不计官品而尚阀阅”的婚姻等级观。同时，妻妾从夫，确保血缘遗传不出“BUG”（故障）。

当然，还有一整套教条以及宗族法令，如“不孝有三，无后为大”，来固化这一体系。

在农耕经济时代，婚姻制度绝对比现在的货币制度还重要，它关系到劳动人口以及国家战斗力的延续。这套制度保障了一国之战力，同时也保障了普通家庭的稳定延续。

这种婚姻制度依然遵循的是供养能力和繁衍法则。富人娶妻妾完成繁衍任务的同时，还能在花前月下谈情说爱。相对的是，缺乏供养能力的穷人则可能找不到对象。

恩格斯说，这种婚姻制度不以自然条件为基础，而以经济条件为基础，也不是男女性爱的结果，而是私有制确立的必然结果。恩格斯的《家庭、私有制和国家的起源》实际上是在向私有制宣战，也在向封建包办婚姻宣战。

03
休皇帝

1931年的一天，天津静园，太监赵长庆神情慌张地将三封律师函和一封离婚书交给溥仪。溥仪看后脸色大变，迅速命人赶往国民饭店力劝“皇妃”文绣回心转意，不过此时文绣已不知去向……

妃子竟敢把皇帝给“休了”，可谓千古奇闻，这让溥仪和皇族颜面扫地。8月28日，双方律师一同来到法租界五号路八十三号庞纳律师事务所，文绣携妹文珊来到。

文绣控诉溥仪“事帝九年，未蒙一幸”，九年仍是“处女”之身，还常遭家暴。溥仪的律师林廷琛奉“圣旨”力主和解。

但文绣提出五个条件，包括“赡养费五十万元”“个人行动自由”“不得损其个人名誉”等。后经一来二去讨价还价，溥仪东借西凑给了文绣5.5万元赡养费，并提出“不得另嫁”的要求。

文绣念及旧情，答应下来，结束了这段九年的无性婚姻。休皇帝、无性婚姻、争宠、家暴，这些足够让报社、评书及街头巷尾调侃一整年。

在外界的围攻之下，文绣说出了那句振聋发聩的名言：“我不能再用封建伦理观念，来强行维系这种不幸的婚姻了！”

最后溥仪命胡嗣瑗代自己写谕旨：“淑妃擅离行园，显违祖训，撤去原封位号，废为庶人，钦此。”次日，这道“谕旨”，出现在京津两地报纸之上，轰动全国，传至海外。溥仪试图用这道“谕旨”挽回皇家颜面，怎知“覆巢之下，安有完卵”，无奈为文绣的“时代之音”增添几分注脚，将当时轰轰烈烈的包办婚姻终结运动推向高潮。

百万年来，人类遵循的“活下去”的婚姻法则，终于在20世纪初迅速瓦解，取而代之的是罗曼蒂克式的爱情宣言。民国时期的新文化运动者们，纷纷斩断封建旧婚姻，掀起了一股离婚大潮。

当时，废弃旧式婚姻，成了一种思想解放的新时尚。一些学生天天鼓动身边的人与原配离婚，当时著名的师生恋有鲁迅与许广平、沈从文与张兆和、舒新城与刘舫、孙俍工与王梅痕、瞿秋白与杨之华等。

其实，文绣“休了”皇帝，相当于休了两千年来的包办婚姻。包办婚姻与自由婚姻，前者充满垄断与控制，地位不平等，以人口繁衍为目的；后者崇尚自由，因爱驱动，追求婚姻效用。

柏拉图说：“人本来是雌雄同体的，终其一生，我们都在寻找缺失了的那一半。”包办婚姻在自由婚姻的冲击下一败涂地，最终婚姻走到了一夫一妻制、双方都“限购”的契约时代，一个充满激情、自由、浮躁的时代。

04
投资品

1981年，美国经济学家加里·斯坦利·贝克尔走上演讲台脱口一句：“生儿育女是投资耐用品。”

台下哄堂大笑，贝克尔会心一笑，接着一本正经地“胡说八道”。

20世纪六七十年代，欧美家庭的解体已经成为世界性潮流。当时，“与一个有20年婚姻历史的爱人离婚，就如同辞掉一个雇佣了20天的佣人一样容易”，“为了爱情，就可以不断地离婚”，很多夫妻结婚没几年就曲终人散，大量家庭解体，单亲家庭问题越来越严重。

同时，丁克、一夜情、毒品、放纵、“我时代”、“自恋主义”成为一种文化思潮。

社会学家大惊失色，但贝克尔显得很冷静。

贝克尔在他那划时代的《家庭论》[①]（1981年）一书中告诉人们，人类的婚姻也是一种市场行为，人们会根据成本和收益来选择使自己收获最大的对象结婚。

结婚的成本主要来自两类：一是交易费用，比如为了寻找配偶，相亲吃饭，结婚办酒席等花费；二是机会成本，是指为了选择结婚而放弃的其他可能性，这些可能性包括个人自由、职业发展、经济独立、社交圈子等。在农业经济时代，婚姻最大的收益不是性爱，而是繁衍后代。而自由结婚的收益则主要来自夫妻情感、儿女情感、安全感、归属感等。

现代女性经济越独立，越追求情感上的效用，而不是经济上的依赖。这也是随着经济增长离婚率上升的重要原因。此时，婚姻更多遵循的是市场法则，而非氏族规则、家庭伦理。在现代婚姻中，人们可以承受更大的交易成本，可以不断去探索自己心仪、满意的对象。

自由恋爱、婚姻是一种市场发现程序。从初恋、多次恋爱，再到结婚、离婚、再婚，就像一种幸福的自发程序。

---

① 《家庭论》于1981年在哈佛大学出版社出版时，被该社称为是贝克尔有关家庭问题的一本划时代的著作，是微观人口经济学的代表作。

婚姻制度从杂婚，到群婚、对偶婚，再到今天的“一夫一妻制”的专偶婚，实际上都遵循一个生存逻辑——经济能力越强，婚姻群体越小，当经济发展到今天这个水平，一些人不需要结婚也可以很好地生存，解决了安全感的问题。古代的婚姻制度服务于经济增长和人类生存，今日婚姻的选择遵循于自身的效用与成本。虽然现代婚姻制度下仍有种种“不婚”的选择，但相较古代封建封闭的婚姻市场也无疑是一种进步了。

正如哈耶克在《通往奴役之路》里所说的：“恰恰是自由主义所带来的巨大的经济成就会给自由主义带来灾难。它具有简直是‘自我毁灭’的性质，在将来很可能被看作这一成就的最有意义和最有深远影响的作用的东西，是人们对于由自己掌握自身命运的新感觉，是人们对可以无止境地改善自己的处境的信念，一种由已实现的东西所唤起的信念。”

人口经济学

人类的生育是自然行为，却难以忽视其社会属性。

一个时代、一个国家的人口，与其经济发展息息相关。

从历史经验来看，经济越发展，生育率越低，这种趋势似乎难以逆转。

身处生育水平持续走低、老龄化程度不断加深的周期内，我们应该思考些什么？

生育率为何走低?

对于人类，生育是一项丰富复杂的综合活动。

人类的生育活动，涉及夫妻情感、社会观念、动物本能、避孕技术、生育政策、生命繁衍以及偶发因素。

然而，避孕套发明之后，人类掌握了生育的“自主可控技术”，尽情享受欢愉的同时，还可以主动选择不生娃，或何时生娃。

所以，避孕套实际上给人类带来了一场人口及经济革命。它将人口生育从自然生物的本能领域，推进到社会经济的主动选择领域。如此，人口生育问题的研究变得更为清晰明了，人类更多地遵循成本与效用的经济规律，做出效用最大化的选择。

所以，人类生育，已演变为一项类市场行为，受市场规律的支配。

不过，生育却不是一项帕累托最优的交易活动。顾名思义，生育，除了生，还要育。生娃以及教育，都要付出大量的成本。夫妻双方往往会综合考虑生育的成本、生产的风险以及养育的效用，然后做出避孕、生育、二胎等不同的选择。

最典型的说法是，“高房价是最好的避孕药”。不少夫妻选择不生二胎，推迟生育，甚至晚婚，或都与高房价带来的高养育成本有关。

生二孩后，两房可能要换三房，五人座的车可能要换七人座；夫妻其中一人可能要放弃工作专职带娃，或聘请保姆增加开支；孩子的教育培训、吃穿住行、医疗保险等费用，以及培养所付出的时间精力成本，都增加不少；儿女长大之后婚嫁、住房等压力，也会倒逼而来。

孩子的出生，给家庭带来温暖、快乐，以及情感寄托；孩子的成长，给父母带来教育的成就感，以及陪伴、分享、见证、参与生命成长的巨大收获。生育是生命、财富、家庭以及责任代际传承的基本保障，既可以降低个人衰老的风险，也能够更好地抵御家庭的不确定性风险。

当然，“一千个读者眼里有一千个哈姆雷特”，每个人及家庭都会有自己的生育成本及效用的考量。

所以，生育，终究是一项私人活动。

经济学家担忧人口红利消失，鼓励多生育，但效果依然不明显。并不是这代年轻人不给力，而是生育受经济规律支配，不仅受成本收益函数影响，也受边际效用递减规律影响。

01
生育效用递减，机会成本递增

目前，不少人担心，中国会走向类似于日本、德国等国家的低生育陷阱。一些人将日本、德国的经济低增长，归咎于低生育以及人口过度老龄化。这种担心可以理解，但是没有意义，而且容易产生误导。

实际上，经济增长与生育率存在密切联系：随着经济增长，国家人口出生率逐渐降低，稳定在一个低生育水平上。中国经济持续增长，人口出生率只会越来越低，进入低生育国家行列。

由于移民众多，美国的总和生育率[①]被认为是西方国家中比较良性的，但如今创下40年新低，2017年降到1.76，低于2.1的人口均衡生育率，步入了低生育率国家行列。

发达国家中，美国、日本、德国、加拿大、澳大利亚、新西兰出生率都低于2.1，韩国、新加坡只有1.2，希腊、西班牙、葡萄牙、意大利也徘徊在低水平。反观尼日尔、南苏丹、乍得、索马里、安哥拉、布隆迪、马里等低收入国家都维持着高生育率。

---

① 总和生育率（TFR）为一个妇女在其生育年龄段（15~49岁）按现有的生育水平计算平均可能生育的子女数。

经济发达程度与生育率之间，并不是简单的因果关系，而是一种复杂的相关关系。

“高房价是最好的避孕药”说明了高房价或低收入会降低出生率，那么为什么低收入国家的生育率反而更高，发达国家则要低得多？

如果爆发经济危机，经济在短期内出现严重衰退，大量企业倒闭，工人失业，居民收入快速下滑，这时生育成本则大幅度上升，家庭的边际收益率和收入预期趋于悲观，生育率则会快速下降。例如，1933年大萧条期间，美国出生率快速下降到2.17；20世纪70年代滞胀期间，美国生育率受到了抑制。

高房价问题也是同理。房价如果在短期内快速上升，家庭实际收入变相缩水，住房、购房成本则大幅度增加，如此人口生育也会受到抑制。

经济短期内快速上涨也会出现这种人口生育波动。例如，罗斯福新政实施后，经济复苏，尤其是二战后，经济快速发展，美国出现了一波婴儿潮。

所以，经济的短期快速上涨或下跌，物价、房价短期波动，与生育率呈正相关。但若从长期来看，经济增长与生育率则呈负相关。

为什么？

这个问题只能由边际理论来解释。长期来看，经济增长相对稳定，收入预期也相对平稳，接近“技术水平保持不变”这一前提，此时生育则会呈现边际效用递减的特征——经济增长，收入增加，生育率下降。而经济、物价、房价短期波动，改变了“技术水平保持不变”这一前提，则不符合边际效用递减规律。

在经济稳定增长时期，为什么家庭收入增加，生育率反而降低呢？

一是生育边际效用递减。

生过二胎的夫妻可能更容易体会什么是生育边际效用递减。我们经常说，“一胎按书养，二胎按猪养”。第一个宝宝出生，父母会比较幸福，各种拍照、各种晒娃，玩具、衣服、纸尿裤、奶粉、推车、早教都慎重选择。

但二胎出生后，老二给父母带来的兴奋感和满足感就大幅度下降。衣服、玩具、推车能用老大的就用老大的，甚至不少还是从二手群里淘来的。即使富裕的家庭，父母对老二投入的金钱、心血以及养育带来的满足感、愉悦感、兴奋感也不如老大。

当然，每个家庭存在差异，如果老大、老二性别不同，或父母对孩子性别偏好不同，育儿效用也会有差异。但总体来说，生得越多，生育的边际效用越递减。若再生几个，边际效用会明显下滑。

生育边际效用递减规律，不受家庭条件影响。只要技术水平（主要是影响生育相关的革命性技术，下同）保持稳定，随着经济稳定增长，高收入家庭和低收入家庭的生育边际效用都会呈现递减态势。

二是生育机会成本递增。

当收入增加时，生育的机会成本也会增加。假如你的月收入为3万元，若要放弃工作、休息或学习的时间去生娃，这个生育的机会成本要大于月收入3万元。收入较低时，生育的机会成本也偏低。

所以，很多职业女性包括部分男性，在职业上升期，即高收入时期，不愿意生娃，或将生育计划推后。

随着收入的增加，生育机会成本递增，反过来又降低了生育的边际效用。很多高收入职业女性，在职场上获得的收入、荣誉、地位、成就感、满足感等综合效用，要大于生育带来的效用。如此，她们就会选择暂时不生育或少生育。

相反，对于低收入者来说，生育儿女带来的快乐和满足感，可能要大于职业带来的收入快感和成就感。多生育、长期带娃，也是一件熬人的事，生育的边际效用会出现明显的递减，即使一些收入不高的妇女最终也可能选择就业，从而减少生育。

如果家庭收入在提高，女性不需要从事职业劳动，或者家有佣人照看孩子，生育率还会降低吗？

这种情况会有所改善，但是依然无法摆脱生育边际效用递减的规律，生育率也会下降。主要原因是，女性即使不上班，也会有其他需求，比如说休闲、学习、娱乐等，这些都是生育的机会成本。

《纽约时报》一项民意调查显示，美国育龄人群不生孩子的第一大理由是“想要休闲时间”。对于他们来说，休闲带来的效用大于生育。

一边是生育边际效用递减，一边是生育机会成本上升，所以，经济发展，收入增加，生育率会逐渐下降。

美国摆脱20世纪70年代滞胀危机后，从80年代开始，总和生育率伴随着经济稳定增长而平稳下滑；到90年代，美国生育率一直维持在2.0左右，近些年则进一步下降到1.8以下。

当然，不同国家和地区的育儿观不同，边际效用也就有差异。与亚洲人相比，欧洲人觉得生儿育女可以增添生活乐趣的没那么多。在德国，每4人中只有1人认同“享受有子女的天伦之乐”观点。另外，依靠儿女养老的国家，要比制度性养老国家更倾向于生育。

三是少生优生增加边际效用。

受生育边际效用递减、机会成本递增的驱动，更多父母选择少生子女，转向优生优育。如果经济持续增长，收入预期稳定，少生必然会转向优生优育。

《纽约时报》这项民意调查还显示，美国少生孩子的主要理由有“育儿费用太高”“想给已有的孩子更多时间”“对经济忧心忡忡”“想要更多休闲时间”……

与二孩的投入产出相比，对现有孩子的投入，可能成本更低，效用更高。简单理解就是，花更少的钱，带来更多的快乐和幸福。养娃的规模效应很低，很难标准化生产、养育，边际成本极高。这些费用如果用在一孩身上，或许可以有更好的教育、更多的旅行和更好的成长。人们普遍担心的是，多生一个，结果两个都没养好。

近些年，随着中国家庭收入的增加，很多家庭没有生育二孩或多生，而是将大量的资金投入现有孩子的培养上。近十年，中国重点学位房价格和教育培训价格猛涨。

我们再来关注低收入者。为什么低收入国家、低收入者愿意生更多孩子？低收入者考虑的标准也是如此，与优生优育相比，他们更愿意多生，因为多生孩子可能给他们带来的效用更高。低收入群体，父母大多寄托于养儿女防老，或生育更多的孩子抵御不确定性风险；反过来，对于低收入家庭来说，给孩子提供更好的教育及生活，是一件成本很高，甚至难以企及的事情。

所以，对于低收入者来说，多生的安全感、满足感就要大于优生优育的。

当然，更多家庭不是绝对的低收入者或高收入者，他们的家庭财富、文化水平一直在动态变化，他们的生育选择也会随之变化。譬如，有时候父母可能觉得对一孩进行投入，效益、效用趋于悲观；也可能通过一孩养育有了经验，希望二孩能够养得更好；也可能是希望两个孩子，相互有个伴，长大有个照应，家庭更加温馨，自己养老更有保障，家庭的总体效用更高。

但是，不管每个家庭出于何种考量，都无法违背生育效用递减规律，生育边际偏好不可能持续递增。所以，短期的高房价、高物价对生育率有抑制作用。从长期来看，经济持续增长，收入稳定增加，生育相关技术未发生变革，生育边际效用呈现递减态势，生育率依然不可避免地持续下降。

在这一过程中，生育选择会从少生转向优生优育，从而推动家庭及国家人力资本的增加。

02
边际收益递减，马尔萨斯陷阱

当下中国，人口红利锐减，生育率大幅度下降，一些经济学家尤为担心，呼吁全面优化生育政策，增加生育人口，尽快解决劳动力不足的危机。但是，任凭经济学家如何呼吁，出生率依旧低迷。

实际上，无论是节育还是鼓励生育，都是违背“自然法”，也违背经济规律的。

过去半个多世纪，中国的人口观经历了过山车式的变化。在大炼钢铁年代，“人多力量大”，多生一个人，就可以多挖一车煤，多炼一堆钢铁。这属于古典主义人口观。人类历史上，绝大部分时期符合这种人口观。

在生产力低下的古代社会，人口是第一资源，经济增长依靠人口、土地的数量型增长。古中国、古印度、古巴比伦、古埃及，都是人口众多、土地辽阔的大国。

到了18世纪，英国经济学家马尔萨斯发现，人类历史进入了一种简单的重复循环：人口大规模增长，经济快速发展，当人口规模到达一个拐点时，土地、粮食就不够用，人类会面临饥荒、瘟疫、战争。

这就是著名的“马尔萨斯陷阱”。马尔萨斯认为，人口呈几何级增长，土地和粮食呈算术级增长，人口规模超过土地供养极限时，社会就会掉入“马尔萨斯陷阱”。

马尔萨斯的父亲坚持古典主义人口观，马尔萨斯与其父亲为此经常争论，后来他将这些争论整理成一本书——《人口原理》。他主张通过节育来降低人口数量，以避免灾难。

今天我们知道，马尔萨斯的预言没有成真。但是，在工业革命之前，人类社会的演变基本符合马尔萨斯理论。远古及古代社会，人类的生产力、科技水平长时间徘徊在极低的、几乎恒定不变的水平，人类社会一次又一次地因人地矛盾而发生饥荒、抢夺、战争以及瘟疫。几千上万年，人类都没能摆脱“马尔萨斯陷阱”。

但是，马尔萨斯时代，英国正在爆发工业革命，但他和当时不少经济学家都没有观察到这一根本性的变化。这次工业革命实际上是工业技术以及工业制度革命，这场革命彻底改变了人类上万年来低水平的科技及生产力。

工业革命之后，机械化农具的使用、种子化肥的改进以及农耕技术的进步，大大提高了粮食产量，从而带领人类摆脱了“马尔萨斯陷阱”。

在20世纪五六十年代，中国坚持古典主义人口观，大力鼓励“英雄母亲”生育，迎来了新中国成立后的第一波婴儿潮。这波婴儿潮中，生育规模最大的时期为1965年到1970年初。改革开放这几十年的人口红利，基本上来自这一时期出生的人群。

到了20世纪70年代，中国人口观发生了逆转，当时节育派采用马尔萨斯人口理论，主张限制人口生育。从1980年到2000年前后，中国实施了严格的计划生育政策。这一政策的直接结果是，过去几十年，干活的人多，人口红利猛增，降低了制造商品的价格。

如今，这批规模巨大的创造者逐渐退休，青年群体的规模因当年的节育政策而无法跟进，人口红利快速消失。过去干活多、养育少的人口结构，逐渐逆转为干活少、养育多。这种极端转变，给当前的人口繁衍、养老、育儿以及经济增长带来巨大的压力。

近几年，政府放开二胎，鼓励生育。一批经济学家大声疾呼，希望全面优化生育政策，解决劳动力危机。全面优化生育政策固然必要，而且迫不及待，但为什么放开二胎后，生育率依然如此低迷，甚至还快速下降？

过去，中国人口增长率时而狂涨，时而急刹车，人口结构不合理在当前阶段尤为凸显。接下来，我们需要尽快全面优化人口生育政策，尽量解决人口结构性失衡问题，降低“未富先老”的冲击。2021年，国务院颁布《中共中央　国务院关于优化生育政策促进人口长期均衡发展的决定》，实施三孩生育政策及配套支持措施。

许多城市跟进，出现了诸多鼓励生育的政策。需要关注的是，如果过度干预生育，或者干预手段不当，不但达不到预期效果，反因违背经济规律而造成另一种危害。

在“马尔萨斯陷阱”中，技术水平恒定，社会经济呈现边际收益递减规律。例如，一亩地中，无论增加多少百人、万人，这亩地的边际收益率也不会增加，反而会下降。简单理解，人口增加，人均产值在下降，人均负担却在增加。

如今，我们的担心，与马尔萨斯当年的担心是一样的。我们担心人口老龄化，担心劳动力减少、养老规模增加，即人均产值下降，人均负担增加。马尔萨斯最大的失误是，他没有观察到当时发生在他身边的工业革命，忽视了技术进步的力量。实际上，马尔萨斯受亚当·斯密的影响很难发现技术进步的力量。在古典主义经济学范式下，技术只是一个外生变量，常被假定为不变，经济则按照市场机制配置各种资源，并达成均衡，否定规模报酬递增。古典主义最大的优点是帮助我们从宏观上认识经济世界的关联性，但是它最大的弱点是无法解答因果性。简单来说，关于“为什么”的问题，古典主义都回答不出来。

所以，马尔萨斯等不知道经济为什么会增长，他们只看到数量型增长，而忽视了技术进步，自然就无法跳出“马尔萨斯陷阱”。

我们现在对人口的关注点，也更多地停留在数量型上，也就是“人口红利”，而忽视了人力资本和技术进步。

随着经济发展，收入增加，人口老龄化，人口生育率下降，这是一种必然趋势和客观规律。如果盲目采用政策来改变，则可能造成灾难性后果。过度鼓励生育后，人们享受了人口红利；未来，也将会承受人口结构性失衡的压力。

如果政策不干预，人口陷入负增长的国家不会消亡吗？人类不会灭绝吗？人口不断下降，经济衰退怎么办？

03

边际收益递增，人力资本福利

首先，必须说明的是，人口生育需要政策干预，但不能直接干预。其次，生育问题应该遵循经济规律，主要依靠技术进步来解决。最后，人力资本取代人口红利，成为生育问题、劳动力问题及经济增长问题的解决方案。

到目前为止，人类发现最好的资源配置手段依然是市场。人类经济面临的各种问题，最终都是由技术进步来解决的。自从近代科学技术兴起之后，经济由原来的数量型增长转变为指数型增长，而指数型增长来自技术和知识革新。

根据熊彼特经济周期理论，每当经济进入衰退时，企业家都会努力创新，寻求突破，通过新技术、新产品或新知识，帮助企业建立竞争优势，促进经济复苏，重新建立动态均衡。

实际上，人类发展、经济增长、技术进步都是倒逼的。当人口数量下降时，如果技术水平保持不变，经济逐渐下滑，收入逐渐降低，人均产值则会下降，边际收益递减，人类则会面临当年马尔萨斯所预言的危险境况。

但是，人类在面临这种压力时，会努力革新技术，提高人均产值，促进经济增长，从而避免“马尔萨斯陷阱”。技术的进步，改变了之前边际收益递减的条件，将边际收益曲线右移，在更高的水平上重新勾勒一条递减曲线；当边际收益递减到一定程度时，技术又会实现新突破，然后又将这条曲线右移，建立更高收益水平的曲线。

如此，反反复复，动态平衡。经济和收入在一波波技术革新推动下浪潮式前进，实现规模报酬递增。这就是边际收益递减与边际收益递增的有机结合。

在生育率下降的过程中，经济必然会受到影响，但这是我们必须承受也必须忍受的。从短期来看，生育率降低拉低经济增长，但从长期来看，生育率下降，经济增速或许下降，但人均产值反而可能会增加。

如果人为过度、直接干预生育会造成什么后果？

举个例子，当经济进入正常的周期性衰退时（非经济危机、大萧条），如果一家企业因盲目扩张而导致资金链断裂，此时央行能够提供足够贷款帮助其渡过难关，那么这将产生道德风险，破坏市场竞争，最终不利于这家企业技术进步及持续经营。

如今长三角、珠三角企业面临用工短缺，企业用工成本在上升，经营压力也在增加。此时，老板一般都在努力想办法来降低成本，比如改进流水线技术，采用智能流水线，降低用工数量，或者使用成本更低、技术更好的材料等，从而推动技术进步。

但是，假如通过某种生育政策，劳动力又变得富余了，那么工厂则不会选择技术革新，而继续使用廉价劳动力。

一个国家的制造业先进技术，正是在生育率下降、劳动力价格上升、持续工人运动以及工会斗争的综合因素影响下不断推动、不断革新的。

所以，没有什么是理所当然的，一些痛苦是必须承受的，波浪式地忍受痛苦和享受喜悦，是人类经济发展的必然规律。

技术进步，解决了经济增长问题，但如果生育率持续走低，人口负增长，人类不会灭亡吗？

按照生育边际效用递减规律，人口会持续减少，但是人类不会因此灭亡。为什么？

所有的边际效用递减规律都有一个前提条件，那就是技术水平保持不变。如果与生育有关的技术进步，原有的生育边际递减规律的条件发生了变化，边际曲线会右移，人口会在更高生育水平上重新建立生育效用递减曲线。

如何理解？

当影响生育的技术进步到一定程度，或发生了技术变革时，人口生育率会提高，人口生育规模也会增加。当这一技术稳定时，生育率又会随着经济增长而递减。

例如，试管婴儿技术、无痛分娩技术的进步，大大降低了女性生产的机会成本，提高了生育边际效用。当然，目前影响生育的相关技术还没出现革命性的进步，这种技术“微创新”还无法阻止人口生育率下滑。但未来基因技术、试管婴儿技术以及其他医疗技术出现颠覆性创新时，人口规模以及人力资本，会在市场的调节下重新回到相对合适的位置。

300多年来，市场机制受到一次次的挑战和质疑，也暴露出非常多的缺陷，但至少到目前为止，它依旧是最具效率的机制。不过，对于生育问题，我们依然要保持谨慎，因为这个问题关系人类的前途和命运。

受生育边际效用递减规律影响，在生育相关技术保持不变的前提下，随着经济增长和收入提高，人们会减少生育数量，然后选择优生优育，提高孩子的教育水平。这种经济规律，实际上推动了市场要素从劳动人口向人力资本转型。一边是人口数量减少，一边是人力资本提高。

人力资本的提高，促进了技术进步；技术的进步，又推动了生育效用曲线右移，促进人口增加。因此，人类不会因此灭亡。人们会在技术的革新浪潮中，反复地通过边际效用及成本理论，在生育数量和生育质量之间一次次建立新的平衡。

这实际上是微观层面的经济结构转型升级，从而推动经济由数量型增长向质量型增长、指数型增长转变。具体到个人，就是你按什么标准考虑生娃的问题。

一提到市场，我们不能陷入绝对化思维的误区，认为应该完全把人类的命运交给市场。市场虽具效率，但也会犯错误。从20世纪70年代开始，西方国家的经济学派不再纠结于“政府之手”和“市场之手”的争论。布坎南、哈耶克、阿罗、波斯纳、科斯等经济学家共同找到了一个方向，并形成了共识，即通过确立制度来共同管理市场和政府这“两只手”。

所以，任何经济领域以及市场行为，都必须受到法律有效的监督。在这一框架下，政府采取合理的干预行为，不违背经济规律，提供更好的公共福利。

我们回到生育问题。那么生育该如何干预呢？

全面优化生育政策，将生育问题交给市场来选择，不直接干预生育，不违背经济规律。

目前，各大城市通过抢人口的方式来解决老龄化和人口不足的问题，但这显然是一种零和博弈。全面优化生育政策、重视生育问题更为重要。

过去的生育政策带来人口结构的失衡，使目前老龄化加速，而年轻劳动力则相对紧缺。

其实，真正的问题，不是生育率下降，而是“未富先老”。

如果人口生育率下降，是自然下降，是受生育边际效用递减规律趋势的影响，那么这并不可怕，因为技术的革新、市场的调节，可以促进人口恢复均衡。但是，过度的人为干预，出现“未富先老”，容易导致市场失灵，市场在短期内难以调节回来。这是当前最大的问题。

短期内的做法是，过去生育政策下的人口红利，为国家创造了大量的财富。如今，有必要做好跨期调节，优化财富分配、充实全国社会保障基金（以下简称社保基金），降低这一代年轻人的养老压力；大力完善幼儿、基础教育，提供更多的公共医疗服务，大幅度降低生育、养育儿女的成本。

另外，受惠于过去的人口红利、土地红利，房地产蓬勃发展对拉动经济飞速增长贡献了重要的力量，但也给如今的家庭带来极高的生育成本。政府有必要做好转移支付，提供更多福利房，降低生育家庭的经济压力。

人口结构失衡带来的生育问题，可能需要用过去人口红利创造的财富来解决，尽可能地熨平这一大褶皱，缓解市场扭曲程度。

长期来看，如果生育相关技术没有发生革命性变化，中国的生育率下降是必然的。最危险的一种情况是，生育率已经大幅下调，老龄化负担成本不但抬高，而且经济并没有跨入技术迭代带来的新周期。

所以，只有短期加大社会福利的投入，才能相对平稳地过渡到低生育时代。中国的生育问题，与社会福利问题息息相关。

长期来看，政府要加大人力资本的投入，提高高等教育、科学技术尤其是基础科学的水平，促进人力资本提升和技术革新，推动中国的生育边际曲线右移，使人口规模及人力资本在更高的水平上寻找到动态均衡。

如何应对老龄化？

低生育率及老龄化这两大难题，未来会越来越突出，将深刻地影响经济增长和社会演变。

如何认清低生育率和老龄化问题？中国的低生育成因，与欧美及日本有何不同？中国老龄化的真正挑战是什么？如何解决当前养老金亏空问题？人口危机到底是什么危机？

本部分将从经济学角度简单探讨中国的人口问题。[①]

01
低生育率与高成本

低生育率与老龄化，几乎是一组相伴而生的问题。

① 在现行的“优化生育政策”（放开三孩生育）颁布之前，社会对于低生育率、放开生育限制等人口问题讨论较多，本部分写作于此背景下，作为对从人口经济学视角探索中国人口问题的路径、时代关注点的记录缩影。

我们讨论下延迟退休的问题，这项政策如果近期渐进式推出，“60后”男性将“首当其冲”。这群人出生在艰苦的年代，后来经历了生育政策，很多家庭只生了一个孩子，如今正接近退休年龄。他们一些人主动或被动地放弃了就业，缺乏固定的收入来源，一部分处于等领养老金的状态。如果延迟退休，他们是最先受到影响的一部分人。

在讨论延迟退休的同时，我们也来讨论下放开并鼓励生育。这两项政策结合起来就是，延迟“60后”男性领取养老金，并且鼓励他们的孩子，即“80后”“90后”多生育。现实是，很多“80后”“90后”生一个孩子，都要依靠父母来带。如果父母延迟领养老金，又鼓励他们多生一个孩子，压力可想而知。压力更大的是，有些“60后”没有养老金，完全靠儿女养老；还有一些“60后”还要抚养80多岁的老父母。

从中可以看出，中国的人口危机是一个系统的社会性问题。

有人说，发达国家生育率也很低，中国放开生育，年轻人也不生。随着经济增长，生育率会逐渐走低，并维持在一个稳定的水平。这是符合经济学理论的。但是，这与中国放开生育不矛盾。2020年出生人口锐减到1000万人左右，这与“80后”“90后”“独木难支”是分不开的。建议全面放开生育，让生育权回归家庭。

有人说，中国当前最重要的是提高人口质量，而不是鼓励生育。这其实并不矛盾。多生一个孩子，还是对一孩多投入，完全取决于每个家庭及个人的决策，这不是某个专家或机构能够代劳的。这也符合经济学理论。只有让生育自由化，家庭才能在生和育的边际做出最佳选择。

所以，避免低生育危机的第一步是消除一切限制生育的政策。

过去几年即便放开二胎，也没能拯救生育率。问题出在哪儿？欧美日等国家或地区生育率下降，主要是受生育边际效用递减的支配。多生的边际效用在递减，但在少生优生上得到效用补偿，如此生育率下降，人口质量在提高。

如果人口能够从数量向质量平滑过渡，低生育的危机其实并不是危机。一个国家的人口数量会稳定在一个水平上，尤其是伴随着生育技术的进步，人口数量和质量可以达到一个比较理想的动态平衡。不过，目前，欧美日等国家或地区都没进入这种动态平衡，人口质量在提升，但生育率低迷。

中国的低生育问题主要在生育成本上，简单来说是生不起，而不是不想生。生育成本高在哪儿？

一是对购房和教育成本的焦虑。

现实门槛出现在了买房焦虑上。即便有房的家庭，生育二孩意味着两房换三房；没房的家庭，再生育二孩，购房的压力又增加了。而且，中国城市的房价随教育资源配套水涨船高，进一步抬高了生育成本。即使不算学区房，孩子的培训及培养的成本也很高。要知道，过去十年，一线城市学区房价格和教育培训价格是跑赢货币增速的。“鸡娃”“父母内卷”等教育焦虑是社会焦虑在儿童教育身上的一种投放，其高成本根源夹杂着社会公共资源供应与分配失衡的问题。

二是对社会保障、社会抚育不足的焦虑。

如果父母没有积蓄，没有养老金，“80后”“90后”需要承担较大的赡养责任。现实中，一些家庭将养老的积蓄变成了房款，然后背负房贷；城市中，双职工家庭很普遍，然而女性进入职场后，往往推迟生育，以避免失业或被竞争淘汰。

所以，应对低生育率危机可以从降低成本入手，降低生育成本，平衡教育资源，大规模地提供社会保障，尤其是保障性住房、生育保险和失业保险。

然后，才是鼓励生育。相信做到这些，鼓励生育也就不再棘手了。

笔者认为，让生育权回归家庭，让个人自由选择，不限制也不鼓励是遵循基本规律的普适性做法；但是，为了避免滑入低生育危机、纠正已经被扭曲的生育成本，需要针对鼓励生育出台激励措施。鼓励生育其实是弥补历史限制生育的缺陷，也是降低生育成本的有效方法。

譬如，“60后”大多是一孩家庭，这群“80后”“90后”独生子是城市房贷的承担者，也是经济生产的主力群体，承受着“上有老、下有小”的双重成本，还被建议继续生孩子，结果可想而知。

如果康德在世，他定然会说：“人是我们生活的全部目的，人就是目的。”鼓励生育，并不是本人想要表达的本意。提供生育补贴和生育保障，目的不是鼓励生育，而是让他们有更多自由的选择：生，或不生，或者其他。

02
老龄化与养老保障

中国已确定“渐进式延迟法定退休年龄”。这一政策主要解决的是社保基金亏空扩大化的问题。

延迟退休是国际上应对老龄化的通行政策。比如，深度老龄化的日本，在2001年推行延迟退休政策，男性从原来的60岁推迟到2013年的65岁，女性从原来的60岁推迟到2018年的65岁。

养老政策是一个非常具体的政策，需要关注中国的实际情况，不可盲目参照国际做法。中国的用工保障、养老保障与日本还有差距，在推迟法定退休年龄的同时，其他保障也要跟得上。最重要的是，要搞清楚中国养老问题的根源是什么？中国的社保基金为什么不够用?

根据《2022年人力资源和社会保障事业发展统计公报》,2022年城镇职工基本养老保险基金结余4316亿元。但当年对这一账户的财政补贴就达到了7105亿元。扣除政府财政补贴,城镇职工养老金账户已出现亏损。

2013年社科院发布的《中国国家资产负债表2013》预测:如果继续执行现行养老保险体系,到2023年,全国范围内职工养老金即出现资金缺口,到2029年,累计结余将消耗殆尽,到2050年,职工养老金累计缺口占GDP的比例将达到91%。

但是,从目前公布的很多宏观数据来看,与社保基金不足是有冲突的。2021年社科院公布的《中国国家资产负债表2020》显示,2019年中国社会总资产达1655.6万亿元,净财富为675.4万亿元;其中,政府部门净财富达162.8万亿元;居民部门净财富达512.6万亿元,居民人均财富约为36.6万元。社会、政府及居民都有钱,社保基金累计结余却不够,问题出在哪儿?

如果每个人在劳动年限内所赚取的净财富能够满足自己的养老所需,那么养老金应该不存在亏空问题。但是,还可能出现以下几个问题:

一是预期寿命延长。平均预期寿命的延长,是各国延退的主要理由之一,中国也不例外。

二是通货膨胀。养老金贬值，是每个人养老的“杀手”。2003年之前所缴纳的养老金，难以覆盖今天的老年生活成本。这是今天养老金不足的原因之一。

三是养老保障水平提高。比如，日本的养老是建立在高标准水平之上的。2017年，日本一对缴费40年的夫妻，退休后每月可领取的国民年金和厚生金加起来一共超过22万日元，大概相当于1.36万元人民币。中国的养老保障水平与日本相比还有相当的差距，但整体上也有提升。比如近些年更多的医疗项目被纳入医保，老年人的医疗保障水平有所提升。

但是，以上三点不是主要问题，中国的养老金缺口主要在历史欠账上。换言之，并不是每个人的劳动所得都能够覆盖自己的养老金，有一部分养老金是需要现在年轻人所缴纳的养老金来补充的，存在“寅吃卯粮”的现象。

中国早期实施计划经济，没有建立社保基金制度，国企承担职工养老。但是，国企亏损严重，无力支付养老金，一些国企破产或私有化，很多职工下岗，养老金账户转移到后来建立的社保基金中。

现行讨论中，解决方案有三：纳税、上缴利润和划拨国资。

财政部发布数据显示，2019年国企税收利润高达2.6万亿元，但是利润上缴却不足。这一年全国国有资本经营预算收入不到4000亿元①。

1994年分税制改革时，国企停止了利润上缴，直到2007年才恢复。“1994年国家进行了税制改革，考虑到当时企业承担的离退休职工费用、半社会职能等历史包袱沉重，作为阶段性措施，国家暂停了向企业收缴利润，企业应上缴的利润全部留在企业，用于其改革和发展。”②当年颁布的政策规定，国有企业上缴利润的比例从5%到10%不等。后来有所微调，但是上缴比例普遍偏低。截止到2019年，中国国企的实际分红率只有16%左右，低于十八届三中全会设定的2020年30%的目标，低于国际上市公司30%~40%的分红率，低于印度、俄罗斯企业50%左右的分红率，低于欧美国家或地区企业80%~90%的分红率。从2017年开始，国务院开始划拨一些国资充实社保基金。国资划拨给社保基金，社保基金不会卖出股份套现，而是享受利润分红。财政部数据显示，截至2020年末，共划转93家中央企业和中央金融机构国有资本总额1.68万亿元，与当年268.5万亿元的国有资产总额相比③，已划拨的占比不到7‰。可

① 2019年财政收支情况[EB/OL].（2020-02-10）[2023-12-08]. https://www.gov.cn/xinwen/2020-02/10/content_5476906.htm.

② 财政部有关方面负责人就试行国有资本经营预算相关问题答中国政府网问[EB/OL].（2007-09-14）[2023-12-08]. https://www.gov.cn/zwhd/2007-09/14/content_749523.htm.

③ 国务院关于2020年度国有资产管理情况的综合报告[EB/OL].（2021-10-21）[2023-12-08]. http://www.npc.gov.cn/npc/c2/c30834/202110/t20211025_314313.html.

见，国资划拨的空间还很大。

所以，国企每年2万多亿元利润，以及200多万亿元国有资产总额，完全可以覆盖目前的社保亏空。

国企承担社保基金，一是厘清历史旧账，把困难时期的欠账还上；二是承担社会民生责任，这是真正的国家使命，责无旁贷，实至名归。

另外，与历史旧账一脉相承的是社保双轨制。目前中国基本消除了养老金双轨制，但是现实的差异还是非常明显的。延长退休年龄反而会加重这种趋势，进而导致私人企业员工的养老面临困境。假如延长退休年龄，私人企业员工到这个年龄将面临失业难题，既无收入来源也尚未足龄领取社保，晚年危机感加重。

03
自主性与人口危机

低生育率与老龄化，构成当前的人口危机。人口危机，表面上是人类繁衍危机，实质上是人类自由危机。

人类的结婚、生育、就业、退休，都是经济行为。在一个自由选择的环境中（假设制度有效），这些行为不会出问题，会出现最优的结果，不会爆发人口危机。反过来，如果选择不自由，人口危机定然出现。

避孕技术普及之前，人类的生育行为是不自由的，无法自主可控，生育不可避免地成为其副产品。那时候，天下太平、国泰民安，出生率暴涨，出现人口过剩性危机。后来，即便避孕技术普及了，人们对人口过剩性危机的恐惧依然存在，于是就有了限制生育政策。限制政策干预生育自由，降低了社会福利，有能力供养的家庭无法多生育，降低了社会整体的人口素质。

所以，人口危机的关键是看生育行为的自由度。生育行为的自由度取决于以下两点：其一是否存在限制性的生育政策；其二是否存在市场扭曲，进而提高了生育成本，间接地干扰了生育决策。

我们先看欧美日等国家或地区，这些国家（地区）目前不存在限制性的生育政策，但是否存在市场扭曲，间接地影响了生育率？肯定存在一些，比如1990年的日本泡沫危机，这是一场人为制造的危机。泡沫危机“击穿”了众多日本家庭资产负债表，家庭收入下降，负债增加，拖累了生育率。日本的生育率也是在泡沫危机后开始大幅下跌的。

但是，整体上来说，欧美日还是经济自由度高的国家或地区，市场扭曲程度相对较低，对生育自由的干预相对较少。这些国家提供了大量的社会保障，以降低生育成本，提高生育自由度。社会保障一定程度上可以缓解市场扭曲带来的影响，比如住房保障可以降低高房价的压力。

当然，这里是有争议的。欧美日等国家或地区大量的社会保障资金来自超额印钞，大量印钞一方面为社会保障提供了资金，另一方面也扭曲了市场。

综上来看，欧美日等国家或地区的人口危机，不是真正的危机，或根本性的危机。

日本是世界上最长寿的国家，养老保障水平高，生命质量高，人口素质高，贫富差距小。即便在泡沫危机后，日本经济低迷，但其基础技术积累依然相当雄厚。当前日本人口负增长的情况，未来可能会被生育技术进步所改变。

再看中国的人口危机。中国的低生育率和老龄化问题，从数据上看似乎没有欧美日等国家或地区严重。但是从趋势来看，需要我们警惕。

我们知道，生育行为的自由度取决于生育政策和市场扭曲。中国家庭的生育行为，20世纪八九十年代主要受生育政策限制，如今主要受市场扭曲（高房价）干扰。放开二胎后，生育率依然没有持续回升，有些家庭放弃了二胎，主要原因就是第二个因素，高房价抑制了生育率。

另外，我们国家的社会保障不足，尤其是对抗高房价的保障性住房，以及与生育直接相关的生育保险严重不足。这相当于放大了高房价对生育行为的扭曲。如果社会保障和公共资源更加充足，父母对下一代的教育焦虑可能会减轻一些，生育成本或许会下降。

通常，在生育率下降的同时，政府、社会及家庭将更多的资源投入更少的孩子上，人口素质会提升，进而推动技术进步和经济转型升级。但是，目前中国面临的问题是，人口数量下降，老龄化加剧，劳动人口减少，人口素质的提升受制于高房价、高生育成本。

人口的繁衍促进社会的有效延续。家庭，既是人口繁衍的关键部门，也是经济与社会最优演进的支配组织之一。人的寿命是有限的，家庭代际配置资源才是具有最高效率的。然而，家庭配置资源需要代代延续，需要借助于生育。生育多少个孩子、如何教育孩子、投入多少教育资本，都影响着家庭代际资源配置的效率。

反过来说，生育行为受到限制与扭曲，人口的延续没有遵循经济行为，不是一个平滑的曲线，这可能形成人口脉冲，也可能形成人口断崖，还可能出现性别比例失调。如此，家庭资源配置效率下降，经济效率下降，生育政策的社会成本落到了独生子女一代身上，而高房价的压力也落到了这一代人身上。社会延续过程中形成漏斗型的成本挤压，经济进程受阻，社会矛盾涌现。

所以，直接干预生育行为，以及高房价扭曲生育行为，与过度扩张货币一样，会扭曲劳动力的供给以及价格，不利于市场资源配置，不利于技术进步和制造业转型升级，更不利于社会最优演进。中国真正的人口危机，不是低生育和老龄化，而是生育行为的扭曲。与之对应的结果是“未富先老”，经济升级与社会延续的最优路径受阻。

如何提高人力资本？

人口老龄化，是当今世界面临的挑战，但不是洪水猛兽。

劳动力是经济增长的重要动力之一。作为生产要素，劳动力与资本（机器）、土地一样都存在自然衰竭和边际递减的不可逆之势。

土地肥力随着耕种而持续衰减，机器随着运转而持续磨损，人的骨骼、大脑及神经系统亦如此。

劳动力、土地、资本（机器）不可逆地衰减（边际递减），如何保持经济持续增长？

答案是技术迭代。

当土地肥力衰减时，我们研制化学肥料，改进耕种技术和育种技术，提高土地肥力和生产率。

当资本（机器）衰减时，我们研制新材料、新工艺、新设备取而代之，提高技术生产效率。

当人类面临自然衰减时，我们同样需要更新换代（包括同代和代际之间）。让自己或下一代学习更多的新知识，掌握更多的新科技，通过技术、知识及制度创新，提高劳动生产效率——更少的人、更少的时间创造更多的财富。

芒格与巴菲特，两人年龄加起来超过了180岁，依然管理着庞大的资产，驰骋全球资本市场，这在100多年前是很难想象的。

如今，父母非常重视孩子的教育，本质上也是在做技术迭代的工作——人口红利向人力资本转变。

但能否降低制度成本是关键。

本节从生育、老龄化与教育之微观视角，洞悉中国经济转型升级之演进路径。

01

人口红利：中国制造的数量型增长

人口老龄化遵循要素边际收益递减规律。

人口老龄化，一方面是生育率持续走低，另一方面是寿命持续延长。

我们无法控制生命的终点，但可以控制生命的起点。当今人们用市场化思维安排生育行为，使老龄化成为不可逆之大势。从根本上说，老龄化是市场行为选择的结果。

每逢国泰民安、春潮涌动，人口便大规模繁殖，最终导致人地矛盾、粮食不足，频频发生饥荒、瘟疫和战争。

这就是人类社会的“马尔萨斯陷阱”。

亚当 · 斯密在《国富论》中说：“当工资上涨时，人们愿意生育更多的人口以增加劳动力供给。”

人类天然不是劳动力，人们生育的目的非常多，并不完全按照市场需要而生育。但是，当生育能够带来规模经济时，人们更愿意为生育付出努力。

在数量型增长模型（技术水平保持不变）中，当边际成本小于平均成本时，则发生规模经济。这时，投入劳动力越多，总产出越大，规模报酬递增，经济越繁荣。

例如，一条流水线（一亩地）：

投入2个劳动力，产出200单位，人均产值100；

投入3个劳动力，产出450单位，人均产值150；

投入4个劳动力，产出800单位，人均产值200；

投入5个劳动力，产出1500单位，人均产值300；

……

投入劳动力越多，产出越大，人均产值越高，即产生规模经济。

这就是“人多力量大”的经济逻辑。

这种增长模式，我们称之为“数量型增长模式”。

在工业革命之前，人类技术几千年来基本停滞，非常符合数量型增长模式下技术水平保持不变的前提。这几千年，人类经济增长完全依靠人口和土地的数量堆积。当人口、土地增长时，经济开始增长。

古埃及、古巴比伦、古印度、古中国以及古罗马，都是人口及疆域大国。在农耕时代，经济增长率与人口增长率呈正相关。

所以，劳动力数量和土地规模是数量型增长的根本动力。在工业革命之后，劳动力依然是制造业增长的主要动力。

英国第一次工业革命及维多利亚时代（1760—1900年）、美国镀金时代（1870—1900年）、韩国汉江奇迹（1962—2002年）、中国改革开放40年（1978—2018年），以及二战后的德国、日本、英国，都是人口及劳动力飞快增长的时期，工业经济享受了巨大的人口红利。

以英国为例。在16世纪以前，英国人口和经济增长率均低于西欧平均水平。18世纪前50年英国人口增长率几乎可以忽略不计，与农耕时代的低增长一样。

但工业革命爆发后，人口增长率开始上升，1755年到1775年，英国人口年均增长率超过0.5%。这个数据看似很低，但与过去英国及同期他国的零增长相比，已经非常突出。

布罗代尔的《文明史纲》记录："18世纪英国人口飞速增长，为工业发展提供了充裕的廉价劳动力。"

工业革命大幅度提高了医疗水平，改善了居住条件，提升了人口生育率、存活率，以及劳动人口的数量及年限。大量廉价的棉纺织品，让英国人彻底摆脱了严寒，降低了风寒病及相关疾病的发生率。

同时，农村人口迁移，也是英国城市人口及工业劳动力增加的重要因素。

中国的情况类似。中国的人口红利，主要来自1962—1976年的婴儿潮以及浩浩荡荡的农民工迁移大军。

这波婴儿潮的年出生率基本都在2%以上[①]，20世纪90年代便开始大规模进入劳动力市场。另外，由于20世纪八九十年代执行严格的生育政策，这群青年育儿负担相对较轻。

过去40多年，数以亿计的农民工向城市转移。城市化率从1978年的17.92%上升到2018年的58.52%，提高了约41个百分点。

生育政策和人口迁移，既是人口红利的重要构成因素，也是中国制造数量型增长的关键要素。

所以，在工业时代早期，英国、美国、中国、德国、日本凭借人口的规模经济，迎来大规模的数量型增长，创造了早期工业文明。

但是，规模经济并不会一直持续。

假如，一亩地上，投入1万个劳动力，结果会怎样？

---

① 王辉，杨卿栩.新中国70年人口变迁与老龄化挑战[J].宏观质量研究，2019（2）.

产出可能不会增加，但边际收益率和人均产值会大幅度下降。这样就不存在规模经济了。

那么，投入多少劳动力产值最大？

当边际成本等于平均成本时，规模经济达到临界点。再往里面增加一个劳动力，意味着边际成本要大于平均成本，也就是劳动力增加得越多，平均成本越会上升，人均产值越会下降。

所以，当规模经济达到临界点之前，存在大量的市场需求以及大量的生产要素（土地和资本），不断往其中投入劳动力，经济产值就会大幅度增加。

正如美国西部运动时期，广袤的西部土地辽阔、资源丰富，大量新移民加入西部开发，触发了规模经济。

过去四十年中国制造业亦如此，全球市场需求庞大，中国劳动力富余，引进西方现成的流水线及技术，不断往流水线及制造产业中投入劳动力，触发了中国制造的规模经济。

当越过规模经济临界点后，劳动力投入便遵循边际收益递减规律。

中国制造业正不断逼近规模经济临界点。劳动力的边际成本大于平均成本，制造业成本上升，收益率下降，产能过剩，更多的劳动力不愿意加入制造行业。

该如何突破？

02
人力资本：中国智造的效率型增长

1800年，一个典型的美国白人妇女通常会生育7次，但是1900年的平均水平降到了3.5次，如今这个数据下降到1.8次以下。

但是，这一下降过程并非盲目的，而是“精于计算”的。

当制造业越过规模经济临界点时，人们会降低生育意愿，然后将更多的时间和精力，投入自我学习以及孩子的教育方面。

当然，从生育养育，到培养成为一个合格的劳动力，是一个十几二十年的长周期。人们未必完全按照理性预期选择生育，但大体上遵循有限理性行事。

中国的情况可能有些特殊。如今制造业产能、劳动力价格上涨，但是人们还是不愿意更多地生育或加入制造业大军。

主要原因：一是生育的直接成本和机会成本大幅度上涨。二是养育边际效用递减（前文已有阐述，此处不再解释）。

所以，低生育、人口老龄化，是经济增长的必然结果。

我们先从家庭角度来思考这个问题。

当制造业越过了规模经济临界点，假如你是父母，会怎么选择：多生育，还是少生育？生五个工人，还是只生一个孩子，将其培养成为一名工程师（或知识工作者）？

在制造业的规模经济期，大多数人会选择多生育工人，如此可以获得更多的回报。但当制造业进入规模不经济期时，更多家庭愿意少生孩子，一方面是将更多的时间和精力用于提升自我，另一方面是将更多时间和金钱用于单个孩子的教育——希望培养其成为工程师、设计师抑或知识工作者。

生育选择从多生转向少生优生优育，从而推动职业竞争力提升和家庭收益增加，进而推动国家人力资本及技术水平的进步。

所谓“一叶知秋”，从这一微观的变化中我们可以洞察到经济转型的轨迹以及突破老龄化困局的力量。

这一轨迹便是：数量型增长（制造业）遭遇规模不经济，家庭选择少生优生，培养技术型、知识型人才，从而推动经济技术升级及经济结构转型。

家庭生育的意愿及边际效用改变人口结构（老龄化）及人口质量（人力资本）。从人口红利到人力资本红利，意味着经济增长的技术水平发生改变，从而打破了规模报酬递减困境，经济从数量型增长向效率型增长转变。

数量型增长有一个前提条件，即技术水平保持不变。在这个前提之下，随着劳动力的投入，经济定然会出现边际报酬递减，也就是规模不经济、增长低迷。

而优生优育，提高了人口素质、知识及技术水平，改变了数量型增长的前提条件，经济突破了边际报酬递减，重新恢复到了规模递增的状态。

这一过程被经济学家熊彼特定义为“创造性破坏”。经济增长遵循熊彼特创新周期，当边际报酬递减时，一部分家庭提升孩子的知识文化，一部分企业家提高工人的技术水平，最终依靠新知识、新技术实现突破。

老龄化其实在倒逼人口迭代，培养更高技术及更多知识的人才，创造更高的边际收益率，以养活更多的老人。

03
未富先老：中国经济的制度性成本

家庭从生育五个工人，到培养一个工程师，这一微观角度揭示了经济转型升级的内在逻辑。

美国经济学家索洛在1956年提出著名的“索洛模型”，他用劳动力与资本之间的替代性来解释这一转型。

按照索洛模型，劳动力的减少会对经济产出产生直接影响，影响的程度取决于生产函数中资本与劳动力之间替代率的大小。

比如，一家工厂因工资水平上涨而减少雇佣人数，企业家可能会改进机器设备（资本）来提高生产效率，以应对劳动力不足及高工资压力。

又如，当制造业进入规模不经济期时，家庭可能会选择少生育（劳动力），而多花金钱和精力将孩子培养成为“人才”（人力资本）。

索洛对经济增长模型的分析还发现，在劳动、资本之外，还有“索洛剩余”，即技术之于经济增长的价值。索洛认为，87.5%的经济增长，都与技术，即“全要素生产率”（TFP）有关。

但可惜的是，索洛坚持古典主义技术外生的观点，没有从资本和劳动中找到技术进步的内生因素。

经济学大师阿罗认为，索洛将大部分的增长归因于外生的不确定性的技术，这显然是难以令人信服的。阿罗提出“干中学”理论，强调技术的累积性。经济学家舒尔茨则开创了人力资本理论，强调内在的人力资本对经济增长的作用。

到了20世纪80年代，保罗·罗默在阿罗的基础上论证了技术的内生性，开创了内生增长理论；小罗伯特·卢卡斯在舒尔茨的基础上，提出了卢卡斯模型，也就是专业化人力资本积累增长模式。

卢卡斯和罗默，实际上从劳动力和资本中内生出科技、知识与人力资本，从而解释了经济增长的根本动力以及延续性。

新技术内生于劳动力和资本，这一点不难理解。

家庭强化对小孩的教育，让孩子读大学，成为一名机械工程师。工厂则加大资本投入，引进机械工程师，改进技术，使用新工艺，提高了劳动生产率。

假如一条流水线上投入50个工人，便能达到最优产能。若再往里加入工人，则会出现边际报酬递减，人均产值下降。这时，如果加入1名机械工程师而不是普通工人，这名工程师改进了流水线工艺，大大提高了生产效率，那么这条流水线又涌现了规模经济。

这就是技术改变边际报酬递减规律的逻辑。

但是，从人口红利到人力资本，从数量型增长到效率型增长，并不是理所当然的。

这一转型升级是一个艰难的历史性跨越。二战之后，绝大多数国家无法完成这一跨越，而转入"人口负债"，被低生育、老龄化、低增长拖累。

上文我们将生育视为一种市场行为，这一市场行为有一个前提那就是交易费用很低，甚至趋于零。

换言之，个人选择生育多少子女，完全取决于自由选择。个人获取教育的机会是平等的，且公共教育资源是充足的。人才自由流通，企业引进人才的交易费用很低。

但是，现实经济中，市场的交易费用，尤其是制度费用极高。

受生育政策的限制，人口生育并非完全按照市场原则进行自由选择，这导致一国的年龄结构及教育结构并非平滑的，往往是非连续性的、陡峭的。

可能某个年龄段适龄劳动力很多，而下一个年龄段则出现断层。这就容易破坏市场的正常预期及选择，导致劳动力和人才与经济转型升级不相匹配。

当经济完成数量型增长、进入规模不经济时，往往需要改革制度，加大公共用品投入，提供更多的教育资源，以帮助家庭、企业提升教育水平，培养人力资本。

但是，很多国家在经济完成数量型增长的积累后，便失去了改革制度的动力，然后陷入存量斗争的困境。

如此，转嫁给民众的成本极高，如住房、医疗及教育资源不足且不均衡，很多家庭无法享有公平的教育机会，低收入家庭缺乏医疗和住房保障，降低了孩子的教育水平。

最危险的结果是，一个国家既失去了人口红利的优势，又不具备人力资本、技术创新的优势，陷入低生育、老龄化、低增长的“未富先老”之泥潭。

若公共教育建设不足，尤其是基础科学严重缺失，企业无法在本国找到杰出的技术人才及管理人才，打破技术瓶颈。并且由于人才的国际流通受限，因此企业雇佣人才的交易费用极高，无法提高技术水平，将边际收益曲线右移。

大多数中等收入国家陷入“中等收入陷阱”，都存在这一共性问题。本质上，低生育陷阱、老龄化陷阱、低增长陷阱与中等收入陷阱，都是制度陷阱。

保罗·罗默认为，政府的干预是有必要的。不过，罗默的理由是知识的溢出效应和专利的垄断性。

他认为，知识外溢导致私人成本大于社会成本，私人不愿意在知识和技术创新上投入太多。因此，政府可以通过向研究者、中间产品的购买者、最终产品的生产者提供补贴政策以提高经济增长率和社会福利水平。

现实中，打破公共用品的垄断，尤其是教育资源的垄断，比专利垄断和知识外溢更为迫切。

张五常先生说，经济学有一个缺环，那就是自由竞争缺少合约（制度）的约束。其实，不管是破坏自由竞争的私人垄断势力，还是交易费用极高的公共权力，都需要合约的约束。

只有降低制度成本，提供更多的医疗、教育及住房等，尤其是在公共教育、基础科学方面投入更多的资源，才能保障家庭在生育、教育方面遵循市场原则，做到优生优育，培养人力资本，应对老龄化之困。

中国经济能否跨越低生育、老龄化陷阱，能否实现经济转型升级，能否从数量型增长升级为效率型增长，能否拿到发达经济体的入场券，关键看能否降低制度成本。

延迟退休：老龄化的必然？

老龄化时代，延迟退休是必选项吗？如果这代年轻人同时遭遇人工智能（如ChatGPT）替代冲击和延迟退休，会是一种什么样的体验？

本节以延迟退休为切入点分析老龄化问题。

01
社保基金靠人口红利喂养

2022年，社会保险基金收入7.1万亿元，支出6.6万亿元，年底累计结余7.4万亿元。[①]

不过，中国社科院世界社保研究中心发布的《中国养老金

① 2022年度人力资源和社会保障事业发展统计公报。

精算报告（2019—2050）》预测，2027年养老金结存将达到峰值（6.99万亿元），到2028年，城镇企业职工基本养老保险当期结余可能首次出现负数，养老金结存开始下降，到2035年有耗尽结余的可能性。

社保基金靠人口红利喂养，需要越来越多的年轻人缴纳更多的税收和保费供养退休老人。然而，当人口老龄化加速，退休老人增加，生育率滑坡，年轻劳动力减少，人口红利衰退，社保基金少进多出、此消彼长，将面临越来越严重的兑付风险。

当前延迟退休的迫切形势，主要来自与日俱增的财政压力和社保兑付压力。

一是与日俱增的财政压力倒推延迟退休。

目前，社保基金账户无法自给、差额缺口扩大，需要公共财政持续输血维系。根据历年的人力资源和社会保障事业发展统计公报，社保基金账户从2012年开始出现差额缺口（当年社保支出 - 当年保费收入），到2020年差额缺口扩大到29147亿元。同期，公共财政对社保账户的补贴从5518亿元扩大到21014亿元；社保财政补贴占一般公共预算收入的比重从2.31%快速上升到11.49%。

财政部发布的数据显示：2022年，全国一般公共预算收入203703亿元，比上年增长0.6%；一般公共预算支出260609亿元，比上年增长6.1%；支出增速高于收入增速，全年收支缺口56906亿元。全国政府性基金预算收入77879亿元，比上年下降20.6%；政府性基金预算支出110583亿元，比上年下降2.5%；收入降幅远大于支出降幅，全年收支缺口32704亿元。这两项预算全年形成的财政收支缺口达到89610亿元。

不过，社保开支却不断增加。在2022年一般公共预算支出项目中，社会保障和就业支出36603亿元，比上年增长8.1%；支出规模仅次于教育项目位列第二，增速在所有项目中位列第三。

近年，政府大幅举债来填补财政收支缺口，偿债压力持续增加。财政部数据显示，2022年1—12月，全国发行地方政府债券合计73676亿元，其中一般债券22360亿元、专项债券51316亿元。全国发行再融资债券26110亿元，占全年债券融资总额的35%。①

需要注意的是，发行的再融资债券大量用于偿债，即“以债养债”。2022年地方政府债券到期偿还本金27758亿元，其中发行再融资债券偿还本金23910亿元、安排财政资金等偿还本金3848亿元。同时，付息成本持续增加。全年债务付息支出11358亿元，比上年增长8.7%，增速仅次于卫生健康项目位列第二。当然，这还没加上地方数十万亿元的城投债。

① 2022年12月地方政府债券发行和债务余额情况[EB/OL].（2023-01-31）[2023-12-08]. https://www.ndrc.gov.cn/fggz/cjxy/gzdt03/202301/t20230131_1348024.html.

二是人口红利逐渐消失放大了社保基金兑付风险。

随着老龄化加速，退休人口增加，劳动人口减少，社保基金“现收现付制”难以为继。在20世纪90年代之前，中国没有社会保险和养老金。社保基金成立之后，国有企业和公共机构没有补足这个窟窿，这样便形成一大笔“历史欠账”。今天年轻人缴纳的社会保险，很大一部分用于供养之前没有退休金或退休金不足的老人。

在老龄化加速时期，持续减少的劳动人口难以供养不断增加的老年人口。国家卫健委提供的数据显示，截至2021年底，全国60岁及以上老年人口达2.67亿人，占总人口的18.9%；65岁及以上老年人口2亿人以上，占总人口的14.2%。

与发达国家相比，中国老龄化的速度更快。从深度老龄化到超老龄化，德国这一过程持续了36年，日本用了12年，中国预计只需9年。预计到2050年，中国的老年人口将突破4亿人，占总人口的30%以上。

2022年中国人口规模达到峰值，同时劳动人口加速下降。中国16~59岁劳动年龄人口为87556万人，占全国人口的比重为62.0%，同比减少666万人。

从当前的形势来看，依靠人口红利喂养的社保基金在人口老龄化加速时期将面临越来越大的兑付压力。怎么办？

于是，延迟退休成为典型的“多收少拿”策略，一方面让年轻劳动者增加缴费，另一方面将兑付押后数年。因此，延迟退休成为各国政府缓解财政支出和社保基金兑付压力的必选工具。从国际上来看，延迟退休是缓解养老金危机的通行做法，符合人口老龄化、人均寿命延长的趋势。美国、日本、德国等不少国家均采取了延迟退休政策。

中国早在2012年就将延迟退休纳入了社保改革的议程。2021年8月，北京、湖南、陕西、河北、云南、江西等地已完成了渐进式延迟法定退休年龄改革征求意见工作。2022年中共二十大报告和中央经济工作会议均对延迟退休提出了要求。尽管官方尚未明确公布延迟退休的具体时间和方案，但社会大众已意识到形势使然，延迟退休不久将会来临。

其实，延迟退休不过是将兑付危机推迟。

02

延迟退休引发公平性争议

“工作35岁嫌老，退休70岁嫌早！”

网友的一句评论，道出了延迟退休可能带来不少需要我们关注的民生问题。比如，五六十岁的人还能否就业？如果65岁退休，60岁失业，还有5年生活如何保障？

所以，不能简单地用“大势所趋”“势在必行”来强行解释延迟退休的合理性，背后有很多民生问题值得我们关注和思考。

与其他国家相比，中国的法定退休年龄确实较低。当前，中国法定退休年龄，男性60周岁，女干部55周岁，女工人50周岁。发达国家的法定退休年龄，法国60岁，实际退休年龄59.4岁；德国65岁，实际退休年龄62岁；英国男性65岁，女性60岁，实际退休年龄62.6岁。

如此，中国似乎可以提高法定退休年龄，但是，账不能这么算。延迟退休需要考虑很多因素，比如人均寿命、工资水平、社保水平、老年人的健康状况和就业状况，等等。

对于个人来说，延迟退休带来的竞争就是拼命长。当前，德国人均预期寿命81岁，据此推算德国老年人在62岁退休后人均可以领取19年的社会保险基金。中国男性人均寿命为75.8岁，据此推算60岁退休的男性老年人平均领取15.8年的社保基金。如果退休延迟，那么领取社保基金的时间还将压缩。这样一算，你觉得还需要延迟退休吗?

再与日本对比。日本人均预期寿命为83.1岁，是全球最长寿国家。而日本的法定退休年龄经过几次调整已延长至70岁。据此推算日本老年人在70岁退休后只能领取13.1年的社会保险基金，比中国少2.7年。

不过，我们需要综合考虑两国老年人的储蓄、收入、健康及就业状况。在日本，60多岁的老人依然保持较好的健康状况和就业条件。经合组织数据显示，日本和韩国65~69岁的老人就业率均接近50%[①]。

日本第三产业发达，超过60岁的老人还能从事服务工作；同时，日本老年人的储蓄率高于欧美国家或地区，失业老年人具有较强的抗风险能力。但是，即便如此，日本老年人犯罪率依然很高。日本法务省的数据显示，2020年，日本22%的犯罪嫌疑人，都是65岁以上老人，其中超过70%的老年人犯罪属于轻度盗窃罪。原因可能是日本老年人更多从事保安、保洁等盗窃发生概率更高的服务工作；工资收入下降，盗窃动机增加。

中国不少大龄工人进入55岁后便处于隐性失业状态。与日本和欧美国家或地区不同，中国大量的劳动力从事农业、制造业、建筑业和矿业。这些产业对劳动者身体消耗很大，加上工作时间长、劳动力保护较弱，很多55岁以上的工人因体力下降而无法胜任高强度的工作。

2022年政府出台新规，要求从事高空作业及特殊工种作业人员年龄不宜超过50周岁，女职工不宜超过45周岁。很多人担心，新规可能导致从事高空作业的农民工失业，建议不要剥夺他们的工作权。如果退休年龄延长，该类工种的工人处境更难。尽管新规允许从事高空作业满10年的工人提前法定退休年

① 全球多国老龄化加剧：高速增长的“高龄就业”[EB/OL].（2022-09-23）[2023-02-10]. http://www.ce.cn/xwzx/gnsz/gdxw/202209/23/t20220923_38122327.shtml.

龄5年退休，但是不符合条件的工人可能占多数。

实际上，不少来自农村家庭的大龄工人未到退休年龄便退居家庭帮助儿女照看小孩。其间，他们没有工资收入，也不能领退休金，只能依靠儿女提供经济支持。他们多数不愿增加儿女负担，缩衣节食，生活清贫。

延迟退休虽然并不是“一刀切”，但也会产生诸多公平性问题，如寿命、工种、体制等存在差异，延迟退休可能加剧结构性问题和社会不公平。

男女寿命差异较大，中国男性平均预期寿命74.6岁，女性为77.6岁，高于男性3岁。按照男性60岁退休、女性55岁退休推算，女性退休后领取养老金的平均时间比男性多8年。如果将男女退休年龄统一调整为65岁，这一差距将缩小到3年。但是，女性退休年龄大幅度推迟10年，对年轻女性来说并不公平。

城乡差异也不可忽视。2022年，中国城市人口平均预期寿命为76.4岁，乡村人口平均预期寿命为70.5岁，二者差距从1990年的4.7岁扩大到5.9岁。如果退休年龄延迟到60岁以上，乡村老人平均领取社保的时间将被压缩到10年之内。大龄农民或农民工因退休延迟需要多干几年重体力活，可能导致预期寿命下降，领取社保的时间进一步缩短。

最后，延迟退休事关劳动者，尤其是青年劳动者的切身利益，需要考虑他们的接受程度而逐步推进。政府最难平衡的就是年轻劳动者和退休老人之间的代际公平问题。在任何国家，政府推行延迟退休政策，工会、工人和年轻人都会质疑和反对：凭什么“牺牲”我们？如果对年轻人的利益伤害太大，他们缴纳社保的积极性就会下降。

他们同样担心失业问题。当前劳动力市场面临的问题主要有两个：一是劳动人口下降，二是失业威胁。

03
有比延迟退休更好的办法

延迟退休在任何国家都是一项具有挑战性的工作，国际上通行的做法是渐进式延迟法定退休年龄。所谓渐进式延迟退休，就是“小步慢走”策略，每年将退休时间推迟几个月，经过一个相当长的时间，最终达到新制定的法定退休年龄。渐进式延迟法定退休年龄的好处是降低对不同年龄段劳动者的冲击。

在中国，延迟法定退休年龄需要考虑更多结构性的问题，平衡城乡之间、体制内与体制外之间、年轻劳动者与退休老年人之间的利益。实际上，社保基金少进多出、兑付压力持续增加，仅延迟法定退休年龄，无法真正解决问题。

解决社保基金危机，中国政府需要深化改革。

一是调动大规模国有资产充实社保基金账户。

社保基金的“历史欠账”主要来自国有企业和行政机构，如今收益丰厚的国有企业拿出利润或资产来充实社保基金属于应尽之责。

2017年国务院出台《划转部分国有资本充实社保基金实施方案》，要求部分国有企业划拨国有股权的10%充实社保基金。截止到2021年1月，共划转93家中央企业和中央金融机构国有资本总额1.68万亿元。

不过，整体上，国有资产充实社保基金的力度还不大。国务院数据显示，2020年，全国行政事业性国有资产总额43.5万亿元、净资产32.3万亿元。2022年前11个月，规模以上国有控股企业实现利润总额24049.7亿元。①

长期以来，国企利润上缴比例偏低，对社保支持力度较小，但近几年上缴比例已大幅提高，执行标准最高的烟草企业，收取比例达到25%，石油石化、电力、电信、煤炭这些能源型企业，收取比例则为20%。政府应进一步征缴国有企业利润，统筹全国40多万亿元国有资产，充实社保基金。

二是加大行政机构改革力度，精减财政供养人数，削减工

① 国务院关于2020年度国有资产管理情况的综合报告[EB/OL].（2021-10-21）[2023-02-10]. http：//www.npc.gov.cn/npc/c2/c30834/202110/t20211025_314313.html.

资和福利，打击吃空饷、变相领取高额福利等行为。

三是加大社保基金制度改革力度，缩小城乡、体制内外和各省市之间的养老基金差距。

降低体制内社保基金水平和公积金水平，大幅度提高体制外人口尤其是农村人口的社保基金的统筹部分金额。20世纪90年代社保基金建立时，将工人群体纳入其中，但将农民排除在外。近十年，农民才逐步被纳入社保体系，达到退休年龄后每月可领取数百元养老金，但金额与国企工人、公职人员的水平相去甚远。

四是完善财政系统和金融系统。推动财政支出从大规模基建投资全面转向生育、教育、住房、医疗、就业等社会福利建设，而财政收入从间接税的增值税、土地使用权出让金逐步转向直接税的企业所得税、房地产税；推动银行市场化和利率市场化，降低房贷利率（尤其是存量房利率）和企业贷款利率，最终降低家庭负担、削减家庭债务、增加家庭收入，从根本上解决养老问题。

养老成为全球不少国家的难题，而延迟退休和印钱借债是两大流行操作，前者给生命加杠杆，后者给经济加杠杆。

在老龄化时代，生育和延迟退休，似乎成为“二选一”问题。不生育，就延迟退休。而印钱借债则是试图制造更大的泡沫盖住之前的泡沫，但可能诱发更大的危机。

目前，社保这一公共用品因缺乏价格机制而效率不足，已沦为全球各国的“公地悲剧”。人人都试图早退休、少缴纳，拼命长、多领钱，延迟退休将触发“搭便车”动机。社保市场化是一种有效的解决办法。只有在自由市场中，公共用品转变为市场产品，社保才能脱离“公地悲剧”、产生效率。

教育经济学

一场又一场的排名考试，一张又一张的试卷作业，孩子的童年，为何会绑定成人的焦虑?

父母为儿童的成长感到宽慰，却又不可避免陷入焦虑。

现代社会的教育要守好作为公共用品的原则，个体的成长才能更契合教育的本心。

爱因斯坦有言，教育就是你离开学校、忘掉老师所教的之后，仍留在你身上的那些东西。

何谓大学?

何谓大学?

本节从经济学的角度探索大学之道、思想之本以及进步之源。

01
大学：人类思想市场的高地

大学，这一组织，历史悠久，且富有效率。

尽管最早的大学，如牛津、剑桥等，其使命与今日大学有所不同，但大学作为人类思想市场的高地，一直扮演着极其重要的角色。

清华大学原校长梅贻琦说：“所谓大学者，非谓有大楼之谓也，有大师之谓也。”哈佛大学第23任校长科南特也说：“学校的荣誉，不在它的校舍和人数，而在于它一代又一代人的质量。”

大师培养人才，大学的使命就这么简单。

但钱学森又问：“我们的学校为何出不了大师？”

这就麻烦了。有人说是大学教授的问题：教授不说真话，只人云亦云，谄媚之风鼎盛；抑或沉默、沉默、沉默。教授不求真知，只堆积流水线式论文。

学者，往往是一个社会的道德榜样。

因为学者的任务就是说真话、传真知、寻真理。如果学者失“真”，整个社会的道德天花板则垮塌。

为什么要对学者、教授如此苛责？

如果把大学当作思想市场，问题就变得清晰了——求真是学者在市场分工中的基本职责。一个教授不讲真话、传真知、寻真理，就像一个面包师制作劣质的面包一样。

大学是人类思想市场的高地。大学出不了大师，教授不探索真理，就很难供应高质量的思想产品，自然就出不了高质量的人才。高质量的思想产品其实就是“求真”——思考的逻辑、科学的规律、法律的正义等。劣质的大学，等同于劣质的思想市场。劣质的思想市场，充斥着歪理邪说与谄媚谎言。

换个角度看，大学的问题也是思想市场的问题。

科斯是“思想市场”概念的提出者。他认为，思想市场涵盖演说、写作及宗教信仰活动。1973年，美国经济学会组织了一次专题讨论："第一修正案的经济学。"言论，在经济学中怎么界定，是不是一种市场？对此，科斯写了一篇非常著名的文章，叫《商品市场和思想市场》。

他指出美国社会存在的一个悖论：知识界、新闻界、学术界认为思想应该是高度自由的，而商品市场却应该加以管制。科斯以广告为例，认为广告作为商品市场，受到各国的管制，但广告同时也是言论自由，应该保持高度自由。当今最出名的凯恩斯主义者斯蒂格利茨，发表过一篇著名的文章支持言论自由，但其一生的学术成果都主张干预主义。①

科斯的结论是，思想市场与商品市场没什么不一样，应该一视同仁。

他认为思想市场应该与商品市场一样有效率，否则，就会阻碍技术进步。

有人可能会提出质疑：发达的思想市场就一定能出大师，能促进技术进步吗？教授们会不会更加依附利益，把研究事业当成逐利生意？

其实，任何市场本身都是逐利的，思想市场也是如此，只是这个"利"，不强调经济利益，思想市场的主体必须忠于自我，为了"利我"才有动力实现自我进步、实现自我价值，最终的结果是这个市场普遍在探索真理、淘汰愚昧和落后认知上

---

① 指经济学家斯蒂格利茨1999年1月27日在英国牛津大学作的报告——《自由、知情权和公共话语——透明化在公共生活中的作用》。

竞争，从而间接性“利他”，即“利公”。因此，再次强调，本书所提到的“自利”并非惯有认知与我们推崇的道德对立的“自利”，甚至它与道德并不矛盾。比如，一个大学教授为发现真知的价值感而创立了科学理论，这种自私是对社会有益的。哥伦比亚大学传奇教授爱德华·泰勒给学生上课时强调：“每个人接受大学教育的目的就是自私的。你的使命就是要建立自我。”

在这样的社会中，有人可能会追逐名声，有人可能会依附利益，但只要教授们都为自利而教书、做研究，那么定然会导向思想市场创造真知。

为什么？

因为市场充分竞争决定了社会需要真知。企业需要掌握科学知识的学生，法院需要掌握法学知识的学生，设计院需要掌握设计技能与美学知识的学生，社会与家庭需要具备人文素养的学生。反过来，无法传授真知、培养人才的大学会被社会淘汰。

这会不会引导大学从事功利性的、应用性的研究？

哲学家尼采将功利性大学蔑称为“生计机构”——“一个可供使唤的丫鬟”，“一个有智识的女仆，生计、收益、需求方面的女管家”。他认为，“唯有在一个超越于这个窘迫、必需、生存斗争世界的大气层里，教育才开始”。

尼采对教育功利主义的批评，在非自由的社会里是对的。

在那种环境下，功利性的大学与学者会沦为权力的奴仆。但是，在自由的社会中，大学的功利与真正的教育并不矛盾。大学，未必是功利主义的，但必须追求效率（效用）。

这与思想市场的分工水平有关。基础性研究是思想市场的上游领域，市场分工越精细，基础性研究越深入。根据斯密定理，市场分工由市场规模决定。自由市场越庞大，思想市场规模就越大，思想分工就越精细，基础性研究就越发达。

在硅谷这一顶级科技市场，思想市场分工极其精细化，因此出现了许多杰出的基础性研究成果。反过来，优秀的基础性研究成果的涌现又促进了科技市场的发展。相邻的斯坦福大学为其输送人才，也受益于最前沿的市场。应用性研究与基础性研究相互促进，功利性研究与学术性研究相得益彰。

真正的科学家会说，其从事研究，与经济利益无关，只是为了探索自然、追求真知。丘成桐教授曾经说过："发展像数学这样的基础科学，目的并非直接为经济和技术服务。"他举例说，"科学家研究电磁学，是因为不了解电和磁的关系"，"发现量子力学，是因为对光到底是粒子还是波产生了疑问"。

丘成桐教授说的是对的，这说明思想市场分工到了一定的程度，市场的价值反馈健全，科学家只需要基于价值感投入基础性研究，即可获得最大的预期效用。科学家纯粹地探索真知，但完全不影响其应用性。

所以，在自由的社会中，"求真"是大学与教授唯一的生存法则。只有自由的思想市场，才能让大学研究的应用性与基础性、大学教授的道德性与经济性调整到同一个频道——说真话、传真知、寻真理。

大学，欲出大师，欲出真知，必须发展自由社会，做大思想市场。

02
思想：人类文明延续的产品

正如科斯在《商品市场和思想市场》所分析的：思想市场是知识分子从事经营的市场，他们会夸大自己职业的重要性和道德的高尚性。知识分子投身于真理事业，而生意人仅仅是谋生或追逐利润而已。思想市场是自认为高尚人士从事的活动，应该保留足够的自由；而商品活动被认为是等而下之，充斥着各种假冒伪劣、敲诈和卑鄙的利益诉求，因此需要管制。

笔者并不支持管制或干预，但必须建立市场制度。如何界定制度约束与干预的边界？看其公共决策方式。如果制度是由“全体一致原则”确定的，则不属于干预。

其实，只要遵循言论制度的公共决策的“全体一致原则”，无论言论边界多窄或多宽，都是最有效率的。如果全体一致同意禁止言论自由，思想市场还有效率吗？定然没有效率，但当所有人利益受损时，他们便会调整过来。换言之，“全体一致原则”的本质是在自由、平等的公共决策中，在公众的政治博弈与政治交换中形成最优的市场制度。

经济学家相信，在有效制度的思想市场中，虽谎言、谣言、谬误与似是而非的“真理”横行，但真话终将战胜谎言与谣言，真理终将战胜谬误与似是而非的“真理”。

但是，现实中，即便在美国，民主党的错误言论也获得知识界的多数支持，占据着主流思想市场。这是为什么？

我们需要对思想市场保持足够的谨慎，因为思想市场并不够健全。自由市场有三大要素：产权、价格与竞争。与商品市场、金融市场相比，思想市场的这三大要素都存在一定的缺陷。如果制度不完善，思想市场将不可避免地被谎言、谣言、谬误与似是而非的“真理”淹没。

先看产权。

思想是无形产品，商品是有形产品，思想在产权的界定上要比商品困难得多。比如，我说“深秋天凉”，或“制度是私人契约的公共化”，这两句话是否可以形成产权？它是否归我所有？是否具有排他性？

在农耕时代，有人认为上帝掌握着真理，垄断了知识产权；世俗政府也认为，精英阶层对知识的创作、传播及解释享有垄断权。古代垄断性的知识产权制度，导致了千年经济增速的停滞。

知识产权不应该被特权阶级或精英垄断。因为知识具有延续性，即便是精英（科学家）创造的知识也是站在他人的肩膀上的。我们每个人都是知识的创造者，并客观上促进了知识创新。

知识产权的延续性导致知识产权的不完全排他性。

比如，我修建一栋房子，土地是自己购买的，房子是自己出钱建的，土地和房子的产权就是具有排他性的。这栋房子，无论是我自己设计的还是设计公司设计的，它的设计专利，不具有完全排他性。因为设计是在前人的基础上累积形成的创新性知识，尽管我不知道这个“前人”具体指谁。这就是知识产权与有形产权在权利界定上的差异。

如果没有一套有效的制度，知识产权的不完全排他性将导致思想市场毫无效率。有些经济学家认为，知识产权是一种垄断权，阻碍了经济效率；认为知识是“无主的”、共有的、免费的。

这种主张将鼓励抄袭、扼杀创新。在如今的大学，论文抄袭事件屡上报端。法与经济学家威廉·M.兰德斯与理查德·A.波斯纳在其合著的《知识产权法的经济结构》中做了成本—收益的解释：知识产权的反对者忽略了经济学最基本的原则——“天下没有免费的午餐”。中世纪欧洲大陆大量荒芜的土地也是“无主的”，要获得这些土地的所有权，必须付出相当的成本——建立防御工事与灌溉设施。知识原本是无主的，但是牛顿（科学家）、斯坦福大学、吉利德科学公司等付出了巨大的成本才得以获取。所以，知识是有主的、有产权的，只是其产权具有不完全排他性。

科学的解决办法是制定知识产权法。英国最早制定《垄断法》，即第一个专利法。此后，人类形成了相对完善的知识产权法律体系。这是一项伟大的制度发明，现代知识产权法主张了知识的非完全排他性，比如有些知识不授予产权、区分专利与著作权的权益、设置专利年限，等等。知识产权法既保护了大众的知识创造，也鼓励了精英的知识创新。制定有效的知识产权法以解决知识产权的不完全排他性，思想市场才有效率。

所以，思想是人类文明得以延续的产品。知识的延续性支持了思想市场的自由，打破了知识垄断的各种谎言。想要有伟大的发明与杰出的创新，就必须保持足够的思想市场的开放与自由，让更多人参与知识创造，才能累积、延续、激发更多的创新。

再看价格。

知识的延续性，往前追溯是外部性。如果我们继承前人的知识都是通过交易完成的，也就是付出了应有的成本的，那么知识产权是具有完全排他性的。但是，知识有外部性，知识创新不可避免地免费汲取了前人、他人的知识。

知识的外部性，表现为边际成本趋于零，导致价格机制的不完全性。真正有价值的知识，如专利、著作，是可以获得价格机制的奖励的。但是，教授、学者创造的大量学术文章有时很久之后才被挖掘其价值。到底是这些文章缺乏价值，还是知识的外部性所致？

有些论文有很高的引用量，说明其有学术价值，但该论文并未形成价格。这说明知识的外部性破坏了思想市场的价格。有人提出，因论文成名的学者可以通过演讲获利。这其实是另一回事，演讲是论文的副产品，也需要投入成本。对学者来说，演讲的机会成本不低，但会导致学术文章“媒体化”、学者“商业化”。这样的学术功利主义便会产生危害性。

解决办法还是要回到学术研究的价格机制上。一般作为公共用品使政府支持基础研究。但是，如果监督与考核不力，教授容易沦为“老板”，套取国家学术基金，导致学术腐败横行。还有一种办法是通过建立社会基金与社会荣誉来弥补价格机制缺陷。比如，校友、企业给大学捐助大量财物建立各项研究基金支持科学家安心做研究。更重要的是，社会尊重知识，学界崇拜大师，学者可以获得超越经济利益的学术价值感。

完善了产权制度、修复了价格机制，思想市场才能充分竞争。

03
勇气：人类社会突破的品质

竞争，是自由市场的基本原则。通常认为，劣质的思想会像劣质的面包一样被竞争所淘汰。但其实，错误的知识和落后的制度具有相当的顽固性。即便在自由的思想市场中，思想革新也并不像产品创新一样立竿见影，它具有社会演化性。

为什么？

与商品市场不同的是，思想市场的竞争，是竞争人的心智空间，本质上是试图控制人的行为选择。虽然哈耶克的主观主义不支持这一观点，但是思想市场对人的控制远甚于商品市场。

比如，汽车市场在价格、质量、安全性等方面进行竞争，这些竞争因素并不会控制人的行为选择。当然，厂商也试图控制人的心智，渴望强化某种令人深信不疑的品牌主张，如电动车清洁、特斯拉的科技感。但是，思想市场是直接在心智层面控制人的行为选择。

商品市场的惩罚机制会让人趋于理性，而思想市场控制了人的思想，其惩罚机制未必有效。一个人一旦信仰了某种错误的思想，如恐怖主义，其行为选择将受到思想控制，未必会迷途知返，最终可能付出生命的代价。通常，自由竞争推动边际递减曲线右移，但思想市场的竞争可能导致边际递减曲线左移。

所以，思想市场的调节机制未必灵敏。归根结底，思想市场能否展现效率，关键看大多数人相信什么。

如何确保人类相信真理?

大学的问题，说到底是这个社会的人到底是相信真理，还是相信谬误，抑或相信那些似是而非的“真理”。

当结果平等深入人心时，以结果平等为目标的福利主义便会制造经济萧条与债务危机。当干预主义占领思想市场时，所有人都试图搭乘公共用品之便车走上繁荣之路，结果却通往奴役之路。

那么，人的观念是怎样形成的?

观念或许源自个人的意志。什么样的意志造就什么样的品质，什么样的品质造就什么样的观念。坚强的个人意志造就独立、个性、自信与勇敢的品质，进而形成独立自强、自由竞争、私有权利的观念。相反，脆弱的个人意志造就畏惧、自卑、卸责与机会主义的品质，进而形成抱团取暖、依赖群体、崇拜强者的观念。

美国经济学家曼瑟尔·奥尔森在《集体行动的逻辑》中解释了个人意志与集体行动之间的关系。在远古时期，个人不具备独立的生存能力，每个人必须依附于集体行动才能生存。但是，集体行动容易产生“搭便车”问题。集体规模越庞大，“搭便车”行为越严重，集体行动的效率就越低，集体行动也越来越困难（三个和尚没水喝）。

集体行动难以为继，该怎么办？

奥尔森认为创造两个条件集体行动可以持续：一是集体成员的“不对称”；二是“选择性激励”的存在。这两个条件让组织者获得超额收益（超过集体的平均收益），推动集体行动前进。

组织者的超额收益到底是多少？

如果通过协商来确定，则存在协商成本；集体规模越大，协商成本越高。况且，如果没有超额收益，没有人会扮演协商发起者的角色。这时，延续集体行动最可能的方案是领袖的涌现。

领袖可能是推举出来的，也可能是自告奋勇的，但更可能是“博弈”出来的，这与个人依附集体有关。

个人意志其实源于经济基础，经济实力越强，个人意志越强。但是，进入近代社会，具备独立经济能力的个人，依然倾向于集体生存。

从经济学的角度分析，“搭便车”驱使所有人在群体中产生一致的预期：“付出在平均之下，获得在平均之上。”

根据心理学研究，人在群体中迫于压力，倾向于服从集体、随大溜，容易丧失独立性和个性。一个人如果陷入正在唱歌喊口号的队伍中也容易被迫加入其中律动起来。这就是一种群氓心态。

另外，人在群体中会产生一种风险幻觉：天塌下来有高个儿顶着。

这种风险幻觉犹如“酒壮怂人胆”，身处其中的人会产生莫名其妙的安全感，对自身风险麻木，盲目相信群体力量，诱发不理性行为。所以，在个人意志脆弱的国家，其集体意志、民族战力却极为惊人与疯狂。

这时，人们就渴望大学教授、学者能够鼓起勇气说真话、求真知、寻真理。但这何尝不是另一种强人寄托，另一种“搭便车”？

脆弱的个人意志也会催生思想“强人”。他们可能是欺世盗名的精神骗子，也可能是戈培尔式的政治喉舌，还可能是野心家。

玛赞·莎塔碧，一位出生于伊朗的作家，她在《我在伊朗长大》中记录了伊朗人在伊斯兰革命时的选择。里面有一句话很经典：“自由是有风险的，人需要教育自己。”

当经济危机爆发时，很多人深感恐惧，于是机会主义者乘机顺势消磨人的意志以及独立承担责任的勇气。他们利用信用货币的财政赤字化制度漏洞，以拯救者的身份鼓吹干预主义，获取更多的政治选票，以及占领思想市场。这种主张及行为其实纵容了人性中的贪婪、懦弱与卸责——可谓杀人诛心之恶。

只有整个社会的个人意志趋于坚强，造就更加独立、自信、勇敢、个性、开放、外向的品质，才能形成独立自强、敢于冒险、勇于担责、自由竞争、保护私权、开放协作的观念。

只有个体具备勇敢的品质，才能捍卫正义，才能坚守底线，才能催生学者独立之精神、自由之思想，支撑大学百花齐放、百家争鸣。

参考文献

[1] [德]弗里德里希 · 尼采. 教育何为？[M]. 周国平，译. 北京：北京十月文艺出版社，2019.

[2] [英]约翰 · 弥尔顿. 论出版自由[M]. 吴之椿，译. 北京：商务印书馆，1958.

[3] [美]威廉 · M.兰德斯，[美]理查德 · A. 波斯纳. 知识产权法的经济结构[M]. 金海军，译. 北京：北京大学出版社，2005.

[4] [美]曼瑟尔 · 奥尔森. 集体行动的逻辑[M]. 陈郁，郭宇峰，李崇新，译. 北京：生活 · 读书 · 新知三联书店，1995.

如何创新？

2021年4月，中国人民银行研究局陈浩等四位博士在《中国人民银行工作论文》上刊发了《关于我国人口转型的认识和应对之策》一文，其中，一个颇具争议性的观点，“重视理工科教育，东南亚国家掉入中等收入陷阱原因之一是文科生太多”，[1]引发热议。

东南亚国家掉入中等收入陷阱，这么大一口锅扣在文科生头上，被人解读为“文科生误国”。其实，央行工作论文想要表达的或许是文理科的结构性问题。

国家掉入中等收入陷阱，是文科生太多，还是理科生不给力？

本节从经济学角度分析“中等收入陷阱”。

---

① 陈浩，徐瑞慧，唐滔，等. 关于我国人口转型的认识和应对之策[D]. 北京：中国人民银行工作论文，2021.

01 文科误国论掩盖创新病症

从“学好数理化，走遍天下都不怕”，到“科学技术是第一生产力”，彰显着理工科的重要性。

如今，人口红利日渐消失，“卡脖子”问题凸显，对技术创新的渴求愈加强烈，理工科热在“双一流”工程的推动下再入高潮。于是，类似于“东南亚文科生太多导致国家掉入中等收入陷阱”的说法也赢得了一些人认可，但笔者不认可文科误国论，让我们回到问题的本质，是什么阻碍了技术创新？

首先来看这些国家陷入的发展困境：中等收入陷阱。它不是一个严谨的学术概念，而是一种经济现象：当一个国家进入中等及中高收入（人均国内生产总值在976美元到11905美元之间）时，经济长期停滞或反复波动，未能进入高收入国家行列。

典型的国家有拉美的墨西哥、阿根廷、巴西，以及东南亚的马来西亚、菲律宾、泰国。比如，阿根廷在1964年的人均国内生产总值就超过1000美元，之后经济持续快速增长。但是，从1982年拉美债务危机开始，阿根廷反复爆发债务危机，经济增长起伏不定。1989年和2002年两次债务危机再次将阿根廷的人均国内生产总值拉到2600美元以下。二战以来，只有日本、韩国、新加坡、以色列等极少数国家拿到了发达国家的门票。多数国家只能在中等收入阶段徘徊与折腾。这是为什么？

通常认为有两个原因：

一是低端制造业向高端制造业转型失败，技术创新不足的同时，老龄化、少子化又导致人口红利衰退。

CEIC数据显示，2003年的研发费用占国内生产总值的比重，阿根廷为0.41%，马来西亚为0.69%，韩国高达2.64%。2006年每千人中的研发人员，阿根廷为1.1人，马来西亚为0.42人，韩国为4.8人。

二是金融过度自由化，反复爆发危机，比如拉美债务危机和东南亚金融危机。

一些人因此得出结论：这些国家掉入中等收入陷阱的主要原因是理科生不足，技术创新不足；文科生（经济学家）误国，金融开放后被美元反复收割。

这些结论都过于表象，甚至极具误导性。

为什么制造业转型失败？这些国家的技术研发投入为什么不足？技术创新来自哪里？

人人都知道技术创新重要，为什么做不到？这是值得思考的问题。技术创新并不是天上掉下来的，也不是靠钱堆起来的，而是靠制度创新。不同的制度，造就不同的人及行为，从而决定不同的技术水平。这就是新制度经济学家道格拉斯·诺斯的主张。

过去，拉美国家、东南亚国家的经济为何快速增长？

这些国家的经济增长主要来自国际资本、国际技术的迁移。拉美国家多数是资源型国家，东南亚国家则是劳动密集型国家，矿产资源和劳动力富余吸引了大量的国际资本进入。而国际资本投入，国际技术引进，国际市场拉动，使这些国家快速步入中等收入阶段。

所以，这个阶段的经济增长并非来自国内的技术创新、人力资本的提升以及制度的优势。相反，经济快速增长催生了民族情绪，反而掩盖了技术创新的不足，忽视了对人力资本的投入，停止了对劣质制度的改革。

比如，20世纪70年代两次石油危机时，大宗商品价格暴涨，墨西哥、巴西大量出口矿产资源，经济迅速起飞。巴西经济在1971—1974年平均增速超过10%，墨西哥经济在1978—1981年平均增速超过9%。但是，1982年，这两个国家爆发了债务危机，经济陷入负增长。

美元快速升值是危机爆发的直接原因，但根本原因还在拉美国家自身。依托资源出口创汇，这些国家大规模借入外债，发行了大量的货币。这些货币流入了政府部门及资源型利益集团部门，很少使用在人力资本和科技研发上。1982年美元快速升值，大宗商品价格迅速回落，资源出口创汇骤降的同时，外债利息飙升。墨西哥、巴西先后宣布无力偿还债务，汇市、债市崩盘，通胀爆发。

这是不是金融开放的问题？不，这是制度问题。拉美国家普遍没有建立真正的宪政制度，国会对政府举债和货币发行没有约束，法律对资源型利益集团的打击不足。

再如泰国引发的亚洲金融危机。笔者在《智本论·国家转型》中指出："很多人将这场经济危机归咎于泰国过度开放的金融政策，但极少人关注到真正的原因，那就是保王派控制的商业银行创造了过度泛滥的信贷，透支泰铢信用，最终引爆了货币危机。"

泰国的政治制度并不是真正的英式君主立宪制。泰国王室有三股力量控制着泰国：一是《亵渎王室法》保护的"明君"威望；二是保王党控制的上议院以及扶持的亲王政府；三是庞大的王室财团。泰国王室资产达到430亿美元，相当于英国王室的80倍。

长期以来，泰国王室与军人集团控制着泰国的政治，打击政治对手，制度改革缓慢，甚至轻易修改宪法。制度上的落后反噬经济，王室控制的商业银行大规模地向王室企业提供贷款，导致泰铢信用和银行风控愈加脆弱。

韩国的情况类似。长期以来，韩国财阀控制的商业银行无视风险地向旗下企业大规模输血。当这波金融海啸来袭时，企业无力偿还贷款，风险波及银行系统，金融危机爆发。为什么韩国能够走出危机，避免了中等收入陷阱？

关键是1988年的政治改革。这一年，韩国借着奥运会推翻了军人政府，修改宪法，实施总统直选制度，推行经济改革。

后来，民选总统金泳三、金大中执政，他们与财阀做斗争，彻查全斗焕、卢泰愚，将全卢二人投入大牢。金融危机爆发后，金泳三向国际货币基金组织求援，金大中则整顿财阀金融，关闭向财阀输送利益的商业银行，从根源上斩断财阀经济的利益链。

韩国经济学家、原驻华大使张夏成在其《韩国式资本主义》中指出："如果说西方发达国家的问题是市场本位主义的产物，那么韩国的问题则因没有正确树立市场经济规范而导致。"他认为，韩国式资本主义类似于马克斯·韦伯所说的"贱民资本主义"，表现为任人唯亲、裙带关系、小团体主义、地方保护主义、贪污受贿等特征。这就是制度问题。

韩国度过这场危机后经济持续增长，最终跻身发达国家行列。这必须归根于韩国的制度改革，尤其是四位民选总统与财阀势力的持续斗争。值得注意的是，四位民选总统都是文科生，其中金泳三学习哲学，金大中是记者出身，后来的卢武铉和文在寅都是律师出身。

所以，中等收入陷阱本质上是制度陷阱。掉入陷阱的国家，大多治理无能、腐败不堪，利益集团垄断资源、控制经济，导致财富集中、创新不足、社会矛盾尖锐、经济停滞不前。

02

人文科学为科技创造空间

人文科学起到什么作用?

有人说诗歌怡情，哲学开悟，文学通达，谈具体作用就显得功利主义了，未免太庸俗。从经济学的角度来说，一个学科、一个职业如果没有效率，无法创造价值，定然会被淘汰。

人很自然会选择更有效率的职业和专业。后发国家步入中等收入阶段时，国际技术大量涌入，工业效率快速提升，工业领域的收入快速增加。这吸引了更多的人选择理工科，电子、机械、计算机、材料都是热门专业。过去几十年，中国高中阶段，成绩更好的一批学生选择理科，理科没有优势而被迫选文科的也大有人在。进入千禧年后，市场对外贸、管理、金融人才的需求扩大，商科开始崛起，不少成绩好的学生选择了金融、外贸、经济学、管理学、财会，其中不乏理科生。而历史、哲学、宗教、考古学、文学、美学、国画、社会学等文科专业均为冷门专业。

到今天，我们需要反思：人文科学有什么作用?

第一，人文科学为科学技术创造生存空间。

改革开放之前是“学好数理化，走遍天下都不怕”的时代，当时比现在更加重视理工科，但是技术创新依然吃力。改革开放后，中国开始引进国际资本和技术，但是遇到一个难题：资本也有，技术也有，土地也有，工人也有，就是不敢落地，为什么？

当时很多地方政府不敢批地，外商只能到特区来投资。政府找到一些专家，如从美国回来的经济学家张五常，探索城市土地制度改革，从香港引进土地租赁权拍卖制度。土地可以流转，市场开始启动，资本和技术才大规模扎根中国大地。

这个过程可分为三步走：一是制度改革，政府释放资源；二是企业主入场；三是工人、工程师发挥作用。可见，人文科学的探索在前，如产权制度改革在前。

如今，国际技术转移红利逐渐消失，基建投资边际递减效应越来越明显，人口红利还逐渐消失，怎么办？改革开放后，依靠于全球资本、技术的转移，中国培养了强大的制造能力和完备的产业链，那么为什么如今的全球化角色中，我们依然主要扮演基础制造而非技术创新带头角色？是不是技术投入不足？是不是自然科学的基础研究不足？

这些固然没错，但也不是关键。关键是羸弱的人文科学没有为科学技术打开成长空间。过去，人文科学给科学技术只创造了生存空间，却没有打开成长空间。比如，法学研究与法律工作的问题，导致知识产权保护不力，既打击了创新者的积极性，也抑制了企业主对技术研发的投入。又如，经济学及反垄断工作的问题。垄断势力阻碍了技术进步，但盲目的反垄断反而打击了技术创新。现实的问题是，很多经济学家和律师并不理解什么是垄断，不清楚反垄断到底在反什么。再如，产权改革及治理工作的问题，等等。

除了法律、管理、金融外，传媒、艺术、文学、历史等均能够为科技打开成长空间。通常，思想市场越繁荣，理性思维越成熟，知识创新越发达。如果国民不理解个人自由，不理解产权制度，不理解人文精神，不理解立法原则，不理解国家内涵，制度变革几乎是不可能的。而人文科学的任务是探索并传播人类行为的规律，进而创新制度，给技术提供成长空间。

第二，人文科学为科学技术划定增长空间，即确定边界。

有空间就有边界，技术或许无边界，但是技术在人类社会系统中是有边界的。如何划定科技的增长空间，是人文科学的艰巨任务。

人类有意识的管理会对技术革命的发展起到决定性作用。比如，管仲的盐铁官营。铸铁是一项重要技术，管仲将其官营垄断，阻碍了民间铸铁技术的进步。此后，历代王室都对铁器、火器加以管制，抑制了金属冶炼、火力能源的进步，而这两项是工业革命的重要技术。

人文科学探索的是人的行为规律，自然科学探索的是自然规律（并非按是否学数学来区分）。这种探索既可以采用定量方法，也可以采用定性方法，关键是要遵循抽象逻辑。与自然科学相比，人文科学的研究难度其实更大，探索人的行为规律更困难。

从人文科学到政治制度，再到经济自由，这是日本思想家福泽谕吉的主张。最典型的说法是，欧洲的宗教改革、文艺复兴和启蒙运动，为近代科学和工业革命打开了天窗。

03
宽容文化是发达教育底色

如今的人文科学教育往往距离抽象逻辑太远，能给人多少理性思维？

自然科学的抽象逻辑够“硬”，没有太多主观发挥的空间。但是，人文科学非抽象逻辑的生存空间太大，且常常被人利用。化学、物理学不会被分为西方的和东方的，但经济学、管理学、历史学常被区别对待。如果违背自然规律，所有人都可能被惩罚。但是违背人的行为规律，可能一部分人被惩罚，一部分人则获利。例如鼓吹货币放水，一部分人可以借此洗劫另一部分人而获利。干预主义在经济学、政治学中被包装为真理大行其道。被扭曲的人文科学，游离于抽象逻辑之上，大谈似是而非的理论，危害至深。

个人、政府及任何机构都难以判断出文科价值高还是理科作用大，中学教师的作用大还是软件工程师的作用大。但是好在人才的配置可以不由主观意识或主观感觉决定，而是由市场配置决定。比如，当历史学毕业生就业压力增大时，就会有很多学生报考其他专业。又如20世纪六七十年代，美国物理学高才生就业困难，他们中有不少转向（报考）就业前景更好的经济学博士。这个趋势也促使经济学方法论转向实证主义。

随着经济的发展，竞争的加剧，市场需要更多的管理人才、金融人才、跨国经营人才、审计师、律师、心理咨询师、传媒人。这些人可能出身于文科，也可能出身于理科，专业未必对口，但这都不重要。市场竞争的唯一标准是效率（效用）。用市场去淘汰那些被扭曲的人文科学知识，淘汰那些缺乏理性思维、独立思想和创新能力的文理科生。这就是市场竞争的倒逼法则。

在大社会中，我们应该包容不同的正当性行为存在，包容各种正当性的自由市场和职业存在。有些职业或许距离自然科学很远，距离科学技术很远，但只要它有效率与效用，终归会促进社会的进步。

苏联曾采用中央计划的方式，将绝大部分资源投放到重工尤其军工领域。经济增长一时迅猛，军备竞赛的风头一时压过美国，核弹头数量也多于后者。但无论从结果上还是逻辑上看，这种做法都是失败的。

二战期间源自欧美世界的技术积累是苏联技术的底子，资源集中在重工业领域，制造大量的核弹头和巨型广场，但却无法掩盖其民生、法律、轻工、金融以及其他领域的羸弱。最终其他领域的羸弱反噬了其重工与军力。比如，苏联的飞机、潜艇、核电站的事故概率要高于美国，有些事故源自国家治理，有些源自财政资金，有些源自电子元器件。20世纪80年代后，微电子、半导体领域的落后，导致苏联军备落后于美国。国家治理与财政资金的问题最终击溃了这个庞大的帝国。

日本二战时推行经济军事化，将全部资源集中到军工上，迅速扩张航母、舰艇和飞机数量。珍珠港事件后，海军装备数量不逊于美国。但是，很快美国人发现，日本海军是“打肿脸充胖子”，各方面落后于美国。一些航母是由大型商船改造而成，夹板薄，战斗力弱。在中途岛战役中，日军航母被轰炸后陷于瘫痪，而美国凭借强大的工业技术，能够迅速维修受损航母。更重要的是，美军凭借发达的情报技术重创了日本海军。

人为集中资源与市场配置资源，前者往往盛极而衰，后者常常先抑后扬。市场配置资源往往是更具有效率的方式。

跳出中等收入陷阱靠技术创新，而技术创新源自一个个繁荣的小市场、小需求和小爱好。比如芯片制造是制造业智能化升级的一项重要技术。芯片技术创新来自哪里？如果你是一位摄影爱好者，那么你的爱好促进了芯片制造，或许能够将照相机中的光学镜头（如德国蔡司）运用到荷兰阿斯麦光刻机中。

先进芯片是全球最顶级的科技公司分工协作的结果，我们不需要也不可能将芯片产业链上下游每一项技术都掌握。但是，繁荣的小市场、小爱好、小技术越多，这个国家越有可能掌握更多的核心技术。

所以，我们需要提供宽容的环境，让各类自由市场蓬勃发展。当然，这个宽容不是无原则的宽容，也不是自由放任的宽容，而是遵循正当性自由的宽容。流行乐、翼装飞行、登山，等等，各类市场越繁荣，科技越发达，社会越进步。其中的逻辑有二：

一是技术扩散。

这些市场、产品可以给人们带来不同的效用，而对效用的追求客观上也会促进技术的进步。比如看球赛、田径赛可以促进技术进步；100米短跑对跑鞋的要求极高，这促进了鞋子的材料进步；F1赛车推动了汽车技术的进步；军工材料中使用的磷促进了农业产量的增加。

二是环境宽容。

翼装飞行、攀岩、跳伞等极限运动被戏称为“国外人少”的原因。极限运动追求最高、最快、最强、最惊险，其背后是人类技术的极限、人类意志的极限以及人类欲望的极限。历史上，飞机、电力、炸药、核能技术等伟大发明，都与人类的极限挑战相关。

唯有宽容，才能繁荣。新兴国家如何避免中等收入陷阱？

当国际技术转移红利衰退、人口红利衰退、理工科及技术尚未成长、人文科学及制度停滞不前时，只能追求更加宽容的环境发展自由市场。市场的力量是自发的、自由的，让经济自由促进其他自由。这是经济学家弗里德曼的主张。

宽容文化是人类文明的底色。我们找不到一个暮气沉沉、科技又发达的国家，找不到一个民众逻辑混乱、经济又繁荣的国家，找不到一个只唱一首歌曲、社会又文明的国家。

更何况，技术进步与经济增长不过是手段，效用与自由才是目的。

参考文献

[1] [美]道格拉斯 · C. 诺斯. 制度、制度变迁与经济绩效[M]. 杭行，译. 上海：格致出版社，2008.

[2] [韩]张夏成. 韩国式资本主义[M]. 邢丽菊，许萌，译. 北京：中信出版集团，2018.

[3] [美]米尔顿 · 弗里德曼. 资本主义与自由[M]. 张瑞玉，译. 北京：商务印书馆，2004.

社会经济学

当代，年轻人对于竞争变得格外敏感。与同龄人竞争、与智能机器人竞争，引发了对“内卷”的焦虑。

经济学研究的问题是如何在有限资源下实现最高效的分配。

如何对抗内卷？内卷为何出现？技术性失业如何修复？能回答的问题多一个，自我向上的确定感便多一分，焦虑和内耗就少一点。

机器人会抢走我们的工作吗？

当下ChatGPT正在掀起一股内容生成式人工智能革命浪潮。ChatGPT作为一项有力的竞争工具，谁先引入，谁便获得竞争优势。对普通大众尤其是知识工作者来说，ChatGPT带来的最直接的挑战可能是丢掉工作。

据美国《财富》杂志网站报道，一家提供就业服务的平台对1000家企业进行了调查，结果显示，近50%的企业表示，已经在使用ChatGPT；而已使用ChatGPT的企业中，有48%选择让其代替员工工作。

ChatGPT引发了广泛的失业焦虑，人工智能革命真的会引发技术性失业（新技术迅速取代人力而引起的失业）吗？本节从经济学的角度专门探讨技术进步与就业（失业）的关系。

01

乐天派：为何不用勺子挖地？

20世纪90年代，经济学家米尔顿·弗里德曼在亚洲考察时偶然来到一个工地。

弗里德曼发现工人们在用铲子挖运河而没有使用重型机械，他感到很奇怪，便询问了当地的官员。官员回答说："用铲子是为了创造更多的就业。"

"噢，原来是就业计划，我还以为你们是在修运河呢。"弗里德曼说道，"既然是想创造就业，那别用铲子了，用勺子挖吧。"

弗里德曼是新自由主义的领军人物，他的思想与古典主义、新古典主义是一脉相承的。他们都相信市场充分竞争的力量，对市场补偿机制解决技术性失业充满信心。

早在18世纪，英国工人卢德就带领工人捣毁了工厂机器，他们抱怨机器夺走了他们的工作。

与卢德生活在同一个国家、同一个年代的古典主义经济学家们，如萨伊、马尔萨斯、李嘉图，都对"卢德运动"嗤之以鼻。

古典主义经济学家都否定技术性失业的存在。他们的解释如下：

萨伊坚持“供给创造需求”的萨伊定律，他认为采用新机器所导致的产品供给增加会引起产品需求的增加，产品需求的增加最终会引起劳动力需求的增加，从而使得被新机器排挤的工人重新获得就业机会。

马尔萨斯则认为机器的应用会通过需求不足、资本短缺等因素引起失业，但他同时又指出，开放的市场可以恢复充分就业。

李嘉图起初也相信市场的力量可以补偿机器对就业的排挤，但后来改变看法，他在《政治经济学及赋税原理》第三版中特意增加“论机器”一章，认为如果机器占用了流动资本，则会出现严重的就业问题。

古典主义经济学家的观点，与今天我们很多人的观点类似，即技术进步导致一部分人失业，同时也创造了新的就业机会，这就是市场的补偿机制在起作用。

市场到底是如何补偿的呢？古典主义经济学家总结了五种补偿机制：

一是新机器补偿机制。技术进步产生的新机器替代旧机器，新机器所缔造的工作岗位补偿了被技术进步排挤的就业。

例如，数控车床替代传统车床，数控车床的设计、制造和使用都需要新的技术工人和工程师。

二是价格下降补偿机制。技术进步可以降低商品成本，进而让需求增加，产出和就业扩大，实现补偿。

这是一种典型的古典主义范式。

例如，互联网降低了购物的交易费用，网购价格更便宜，用户会忍不住地“买买买”，天猫“双十一”的销量已经超过了2000亿元，社会需求扩大了，就业也就增加了。

三是新投资补偿机制。新技术促使成本下降，但是售价有可能没有同比例的下降，这样厂商就有了额外的利润，工厂老板就有意愿增加投资，创造新的就业。

古典主义经济学家提出的新投资补偿机制，实际上间接承认了价格机制的滞后性，或凯恩斯主张的价格黏性。

例如，无人售货机和24小时银行可以降低开设网点的成本，但是商家和银行一般不会降价，而是乘这个机会窗口投资更多的无人售货机和自动柜员机。

四是新产品补偿机制。技术进步带来的新产品将创造新的生产部门和就业岗位。

例如，无人机的出现，创造了一个新的产业和大量的工作岗位。

五是工资下降补偿机制。技术创新引发失业，失业人口多了，劳动供给增加，劳动力的价格就会下降。这个时候，一些厂商就会增加对廉价劳动力的雇佣，或开发劳动密集型技术，以降低成本。

例如，农业机械化过程中，农村大量劳动力剩余，并迁移至城市成为廉价劳动力，外资加大制造工厂投资力度，吸收农民工，对农民失业构成补偿。

工资下降补偿机制后来还成了新古典经济学家解决失业问题的处方。

以上五种补偿机制是古典主义经济学家们的理论主张，他们的后来者新古典主义经济学家们不但继承完善了这些补偿机制，还提出了一些新的补偿机制。

以马歇尔、瓦尔拉斯、帕累托为代表的新古典主义经济学家，引入了边际理论和数学实证方法，他们的理论主张比古典主义逻辑更严密、论证更精细。

新古典主义经济学家提出了商品价格“弹性”的概念，应用在价格下降补偿机制中是这样解释的：

有些商品价格弹性大，比如名牌包，如果打五折很可能会引发抢购，生产和就业就会扩大。但有些商品价格弹性小，比如食盐，即便涨价，再贵也会购买，这就难以起到补偿作用了。

庇古引入了货币机制，他认为，价格下降意味着实际货币供给增加，利率因而下降，这将产生投资激励的作用，从而增加产出和就业，这就是庇古效应。

现实中，是否会发生庇古效应呢？

过去一个世纪，汽车的技术一直在进步，但价格却在下跌，汽车是耐用品，个人一般不会因汽车降价而多买两台车。

但是，汽车降价却会让个人的钱变得富余，有些人会将多余的钱存入银行或做投资，而有些人会增加旅游等消费，从而促进生产和就业。

工业部门技术进步快、生产效率高，工业部门的货币溢出到了服务部门，扩大了服务部门的需求和就业。这就是发达国家商品便宜、服务贵的重要原因。

对于新产品补偿机制，新古典主义经济学家则进一步考察了新旧产品之间的可替代性对就业补偿程度的影响，通过对比，结论仍然是乐观的。

例如，智能手机替代了功能型手机，使市场需求、投资以及就业都大幅度提升。

在古典主义经济学家提出的五种补偿机制外，新古典主义经济学家还增加了收入增加的补偿机制和新投资激励补偿机制。

收入增加的补偿机制。由于技术进步带来成本下降的好处被工人和雇主分享，工资和利润都得到提高，进而产生了收入效应。如此，消费和投资都会增加，同样就业也会增加。

新投资激励补偿机制。技术进步会导致投资边际效率提高，利润预期上升，这种情形下老板们一般会追加投资，就业随之增加，这被称为“熊彼特效应”。

所以，早期的经济学家基本都是乐天派，他们认为，没有任何外在因素可以冲击市场的自然循环，技术带来的短暂性失业也会被市场的补偿机制所熨平。

02
悲观派：谁能预测技术创新？

经济学诞生后150年间，过度推崇市场理论及均衡范式的经济学家们，对技术性失业视而不见，尽管经济危机和大规模失业不断降临。

但是，20世纪前30年发生了两件事情，改变了经济学家对技术性失业的看法。

第一件事情是美国1919—1925年生产率数据的第一次公开出版。

这一数据表明，这个时期美国生产率（即每个工人的平均产出）提高了59%，而与此同时就业率大幅度下降。

面对这一反常现象，经济学家推测技术性失业的存在。

第二件事情就是20世纪30年代的大萧条——真正让经济学界重视失业问题并引发第一次大争论。

其实，早在20世纪初，凯恩斯就象征性地提到了“技术性失业”，他指出，“我们正在为一种新的疾病所苦恼”。

大萧条到来，经济崩溃，失业大增，这意味着市场的失灵，市场补偿机制不起作用。当时，整个经济学界都傻眼了，凯恩斯以有效需求不足理论推翻了新古典主义。

这两个事件促成了当时经济学界流行的观点，即肯定了技术性失业的存在。有人甚至提出暂停技术进步的建议，美国参议院和众议院甚至分别于1939年提出了对机器征税的议案。

大萧条之后，人们认识到，对待失业或技术性失业不可盲目乐观，市场也有靠不住的时候。

为什么市场补偿机制会崩溃（市场失灵）呢？

在现实经济中，价格弹性、货币制度、财政制度、劳动制度、垄断性质、金融市场的脆弱性等，都有可能阻碍价格与供给机制的充分发挥，从而阻断或减少失业工人再吸收，破坏市场均衡，造成技术性失业。

理论方面，费雪用“债务螺旋”理论来解释“市场失灵”；凯恩斯用以三大心理规律为基础的有效需求不足理论来解释；而熊彼特则用破坏式创造来解释。

熊彼特的解释令人信服，为什么？

以上古典主义和新古典主义的七大补偿机制，都有一个前提——技术水平保持不变。而熊彼特，瓦解了这个前提。

熊彼特认为，技术创新是造成非均衡的主要因素，市场在破坏式创造中动态演进。

例如，为什么大量传统的木匠、铁匠快速消失了？

机器生产木制家具和铁制品，成本更低、质量更好，机器的大规模生产及成本质量优势，对传统木匠、铁匠的替代速度极快，市场还来不及反应，这些匠工就失业了。

这就是技术创新对市场均衡及充分就业的冲击，即熊彼特的破坏式创造。

熊彼特指出，破坏式创造是经济低谷时企业家以创新求生存，成功的技术创新进而促使经济复苏，如此循环往复构成动态均衡。

每一次的萧条都包含着一次技术革新的可能，或者说技术革新的结果便是可预期的下一次萧条。

熊彼特赞成技术冲击的主张，认为技术革命带来的失衡、危机和失业不可避免。

19世纪英国纺织业发生多次过剩性经济危机，正是受到蒸汽机技术的正向冲击。

这一时期由于蒸汽纺纱机的广泛应用，一名工人将1磅棉花纺成纱线所需时间由过去的500小时缩减到只有3小时。纺纱机和织布机的引进节约了大量劳动力，这使得工人们担心出现失业，进而引发“卢德运动”。

所以，从大萧条开始，人们逐渐从非均衡的角度研究技术与经济之间的关系。

20世纪七八十年代，创新理论领域诞生了两种对立的理论：需求引致创新理论和自发创新理论。

需求引致创新理论，属于古典主义乐观派，否定技术性失业。这种理论认为，经济可以掌控技术，技术进步完全服务于经济，是对市场条件被动、机械的反应。

自发创新理论，则属于技术主义悲观派，肯定技术性失业。这种理论认为，技术的演变受自然科学规律支配，而非经济学规律，即技术自身有其发展与突破的规律周期。

技术的不确定性以及扩散性，造成经济增长的不确定性，容易冲击市场均衡，造成技术性失业。

技术进步遵循自然科学规律，技术演进像浪潮，前期积累大量能量然后突然爆发达到高潮，而经济无法决定技术积累到什么程度爆发，难以预测浪潮的顶点在何处。

任何技术开发都存在风险，很多时候最前沿的技术员也不知道何时能够成功，甚至是否能够成功。

技术创新，尤其是技术革命，会带来巨大的冲击波，技术外溢还会带来很多余波。这些都是技术的不确定性带来的。

经济学家、企业家、科学家都难以全面预测技术带来的各种冲击。技术的冲击，往往是突发性的、突变性的和不稳定性的。

从1788年到1825年，37年间英国发生了7次经济危机，几乎都是过剩性经济危机，危机的严重性和波及程度一次比一次明显。

这个阶段，瓦特发明的蒸汽机大规模使用到棉纺织领域，生产效率立即大幅度提升。

当时，英国一年的棉纺织品的产量，相当于过去几个世纪的。英国人、欧洲人彻底告别了严寒。

别小看一条被子、一件棉袄带来的变化，这一变化直接改变了欧美世界的社会关系。

人们告别了严寒，因风寒而引发的疾病大幅度下降，人口自然死亡率下降，人口出生率提高。1840年之前，英国人口大量出生，并往城市集中。

这给当时的英国社会经济带来巨大的冲击。

首先，大量的人口红利出现，促使工业生产飞速发展。

其次，大规模人口集中到城市，促进了城市化进程，英国伦敦成为全球第一大城市。

最后，大量人口出生及集中，城市公共用品严重不足，这导致英国、欧美国家或地区的社会矛盾极为尖锐，工人运动不断。

这就是蒸汽机技术浪潮给英国棉纺织业带来不可预知的巨大冲击。

这些冲击根本上都是技术变革带来的。但是企业家、政治家都无法预测技术变革、技术扩散带来的冲击，因而引发了一系列的社会经济问题。

再以页岩气为例，在2008年金融危机之前，全球原油价格涨到历史高位。

当时中国做出的战略选择是发展新能源，大力扶植电力作为替代能源。

美国这个时候页岩气开采取得了技术突破，页岩气产量大幅度提升，美国从原来的原油进口国摇身一变成了原油出口国。依靠成熟的开发生产技术以及完善的管网设施，美国的页岩气成本仅仅略高于常规气，这使得美国成为世界上唯一实现页岩气大规模商业性开采的国家。

这就是美国的页岩气革命。

受页岩气革命影响，全球原油价格大幅度下跌，一些产油国尤其是俄罗斯压力非常大。俄罗斯因石油出口创汇不足，在美元加息周期中引发了货币危机。

这就是技术积累的不确定性给经济带来难以预估的冲击。

我们再来看看电力技术。其实早在100多年前，电池动力和内燃机动力差不多同时起步。电动车的发明甚至要早于内燃机车。

1900年时，蒸汽车比重最大，电动车次之，然后才是油气燃料车。所以，我们说电力是新能源，其实不符合历史。

但是，后来市场一边倒向内燃机动力。主要原因是汽油、柴油的压缩密度和效率远远好于电池动力。

实际上，这100多年来，人类花了很多时间和资金投入电池技术的研发，但是进步极其微小。

从另一个角度分析，我们也不知道，电池技术何时突破。全球投入了大量资金在锂电池上，但效果不尽如人意。

日本在福岛核电站泄漏事件后，能源战略开始去核化，转向氢燃料。如今，日本的氢能源及氢燃料汽车技术先进，但是距离大规模量产依然有距离。

与日本不同，美国特斯拉则走纯电动车路线，中国在氢燃料上投入不多。

无论是氢燃料，还是锂电池，我们还不能完全确定电池技术何时突破，以及在哪个方向上突破。

假如电池技术哪天突然被突破，或许对很多高耗能行业形成替代，如内燃机汽车。这样或许会突然造成石油开采、销售以及内燃机制造等相关领域的大规模失业。

由于知识和科技有外部性，经济系统无法阻止，也无法决定技术的广泛外溢、延伸以及大规模推广应用，这就可能导致一些行业突然出现大规模失业。另外，新技术一旦成熟，其普及、扩散及替代劳动力的时间会越来越短。美国曾经花了80年时间才使汽车的普及率达到50%，但电视机和录像机达到这一程度只花了30年，手机则仅仅用了10年。

在人工智能方面，我们同样面临这种不确定性的冲击。如果工业机器人一旦实现量产型突破，那么全球很多工人都可能突然被机器人所替代。这种短时间引发的大规模技术性失业对经济的冲击很大。

科学家无法保证何时能够攻克阿尔茨海默病，无法确定技术奇点[①]的具体时间。

---

① 根据数学名词“奇点”引申出的描述技术发展的概念，形容技术发展逼近一个临界点，到这个临界点技术将会在很短的时间内出现极大进步。

我们无法预测基因技术的进步，会给哪些行业、领域以及家庭带来什么样的冲击。

有些技术看似变化微小，看似隔行如隔山，但是技术的扩散性极强，很可能对其他行业造成颠覆。

马化腾2012年曾在知乎上发布提问："整个人类处于互联网发展的哪个阶段？下一个十年，互联网升级的大致方向在哪里？"

马斯克、比尔·盖茨等都对人工智能、未知宇宙表示过担忧、谦虚与敬畏。

技术演进遵循自然科学规律。在自然、宇宙及规律面前，人类依然很渺小和无知。

所以，对技术的不确定性、技术性失业及人工智能，我们应该有更多的敬畏。

03
折中派：技术性失业存在吗？

熊彼特吸收了奥地利学派和新古典主义两大流派的思想，抓住技术进步（企业家创新）这一个点，破解市场均衡。

实际上，熊彼特是第一个全面论述技术与经济关系的经济学家。他采用折中主义的思想论述二者之间的关系。

一方面，熊彼特认为，技术进步是经济发展的中心，技术创新是造成非均衡的主要因素。

他的具体理由是：

第一，创新不是均匀地随机分布于整个经济中，而是集中于某些关键部门，这将引起不同部门间的结构调整问题。

他把技术进步同经济周期联系在一起，认为大规模失业与创新活动在历史上是一致的。

第二，创新的扩散过程也是不均匀的，具有周期性。

第三，创新发生后的迅速增长期间，利润预期发生变化，增长在达到一定程度后会因利润预期的变化而减慢下来。

另一方面，熊彼特并不认为，经济系统会被技术创新“肆意”破坏——人们常常陷于不确定的失业危机之中。

他主张，创新不是一个技术概念，而是一个经济概念：它严格区别于技术发明，把现成的技术革新引入经济组织，形成新的经济能力。

熊彼特的折中主义，更加侧重于经济决定技术论。

到了1982年，意大利经济学家乔瓦尼·多西同样奉行折中主义，综合了需求引致创新理论和自发创新理论，完整地论述了经济与技术之间的关系。这就是“技术范式—技术轨迹”理论。

多西认为，技术决定论和经济决定论都失之偏颇，自然规律与经济规律既相互独立，又相互影响。

技术范式负责为技术发展指出一组可能性的方向，这组可能性都是由自然科学规律决定的。

至于走哪一条路，由经济规律决定，也就是由市场来选择，以确定什么样的技术路线最具有商业化的可能性——成本更低、效益更高。

举个例子，在20世纪六七十年代，信息技术刚刚起步之时，关于数据库技术范式，其实有多种选择，比如中心化数据库和分布式数据库，最终选择哪一种呢？

后来市场选择了更加安全、稳定、高效的中心化数据库。这就形成了今天我们熟悉的技术轨迹，如谷歌、微信、阿里巴巴的中心化数据库控制着所有用户的数据。

2008年，中本聪发布了《比特币——一种点对点的电子现金系统》白皮书，标志着一种新的技术范式进入市场，那就是分布式计算。分布式计算结合了密码学中的非对称加密技术，形成无人可篡改的账本，这就是区块链。

分布式和集中式，都遵循自然科学规律，但什么时候用哪种技术，取决于经济规律——成本、收益、风险的考量。

所以，科学家、机器人或资本、企业家都不可能单独掌控这个世界，经济的脉象由自然规律和经济规律共同支配，技术性失业与否取决于这两大规律的配合度。

以下将自然规律与经济规律相结合以思考技术性失业：

一是技术成熟度与规模经济。

能否形成规模经济，是开发、引进、推广技术的关键考量。一项技术能否快速并大规模应用，并不是完全取决于技术的成熟度，而是能否解决实际问题并带来规模经济，或者与其他资源如劳动力相比，是否具有替代优势。

举个例子，为什么美国农庄里的大型机械，没有在日本、中国、泰国等人口稠密的亚洲国家大规模应用?

原因是，亚洲国家最大的资源优势是劳动力，而稀缺的是土地。这就决定了这些国家的农业经济在选择技术上，不是替代劳动力的大型机械，而是解决土地稀缺问题的高效生物技术。

反过来说，农业机械在亚洲梯田上不会产生规模经济，而农药、化肥及育种技术可以形成规模经济。

所以，中国才会出现袁隆平杂交水稻。日本则选择先化学化、后机械化现代农业发展道路。日本是世界上最早实现农业化学化的国家，研究精耕化农业种植及管理。美国的农业机械技术，并未造成东亚农民失业。

人工智能也是这个道理。日本、美国的汽车制造都属于资本密集型，如今的特斯拉却是技术密集型，因为美国特斯拉工厂采用全智能化流水线生产。

但是，特斯拉在中国设厂，考虑的是中国廉价的劳动力及土地资源，而不是直接将智能流水线转移到中国。在中国的劳动力与美国的智能化之间，马斯克进行了成本与收益的考量。

再如，美国亚马逊尝试用无人机解决“最后一公里”问题，中国顺丰也在县域乡镇之间使用无人机配送，但是城市基本都在使用廉价劳动力“跑腿”配送，这都是在成本与收益之间进行权衡的结果。

1913年，福特汽车建造了世界上第一条流水线，当时流水线上还有不少工人作业。如今，福特汽车公司整车自动化装配生产线上都是激光焊接机器人在作业。

从第一条流水线到全自动化机器人，福特公司经历了一百年的技术积累及逐步替代。

在美国，最新的自动化图像处理软件能完成放射科医生的大部分工作，成本连原来的1%都不到；但是人工智能敲开门诊部、手术室的大门还有非常远的距离。

曾经有媒体报道，有些人工智能公司雇佣工人替代机器人。美国一家创业公司总裁曾开玩笑说：如何创办一家AI公司？第一，雇一群低薪者假扮AI；第二，等待AI被开发出来。

所以，技术性失业，实际上是技术进步在替代该替代的、没有竞争力的劳动力。如果廉价劳动力具有优势，不但不会被技术所替代，市场还会根据技术的成熟度、成本、效益，逐渐淘汰该替代的劳动岗位。

二是技术创新是经济系统协同的结果。

我们最容易犯的错误，是设想突然出现无数成熟的机器人，在流水线装配、在送快递、在开车、在翻译、在做美食……然后，人类什么都不能做，彻底失业了。

现实并非如此，一项重要的技术革命，一定是在自然科学规律上经历了大量的累积。这个累积过程不但需要时间，还需要各技术领域同步突破、相互配合。

举个例子，2007年iPhone的出现为智能手机开创了一个时代，这并非来自苹果一家的创新，而是整个电子产业——芯片、镜头、通信、屏幕、存储、内存、电池、工业设计，以及软件产业如系统、安全、人工智能、应用市场、云服务，还有制造业如自动化装配、精密制造，共同积累到一定技术水平上的结果。

又如我们最担心的人工智能。一个成熟的机器人，最基本的要求是具备人机交互及识别、环境感知、运动控制三项核心技术；依托这三大技术，配套电池模组、电源模组、主机、存储器、专用芯片等基础硬件以及操作系统。

由硬件和操作系统构成机器人整机，整合基础硬件、系统、算法、控制元件，形成满足一定行走能力和交互能力的机器人整机；在此基础上形成各种基础应用开发平台，如基于机器人操作系统开发的控制类App、管理员App和各类应用程序App等；产生的数据将有群组服务、云服务、大数据服务等。

三是技术进步与经济增长互为反制。

1954年，美国劳工联合会—产业工会联合会主席、劳工运动领袖沃尔特·鲁瑟来到美国克利夫兰州，参观福特公司的一座工厂。

一位经理骄傲地向鲁瑟展示了福特公司先进的自动化机器，他对鲁瑟说："你打算怎么向这些机器征收工会费呢？"

鲁瑟的回应是："你又打算怎么让它们卖汽车呢？"

鲁瑟的意思是，如果工人都失业了，机器生产出来的汽车及商品都没有人购买。

如果技术积累到一定程度出现规模经济，对大规模的劳动力形成一次性、全方位替代，那么，大规模的技术性失业不利于消费增长，反过来还会对技术应用、创新及经济进步构成牵制。

这种微观反制在宏观上并不完全成立。从宏观角度来看，技术进步会导致结构性失业。

发展制造业与扩大就业相悖吗？

当下，数字经济成为就业增长新动力，其如何与先进制造业融合，进而促进就业增长？过去大力发展制造业，进行设备升级以替代更多工人，导致制造业就业人数持续下降，这是否与扩大就业的目标相背离？

本节从产业与就业关系的角度，结合经济学的基本原理，分析如何解决失业问题。

01
制造业与就业相悖

发展制造业与扩大就业两个目标是否相悖？

美国劳工部数据显示，从20世纪50年代开始，美国制造业增加值持续上升，但制造业增加值占GDP的比重从1953年巅峰时期的28.3%下降至2022年的11%，接近历史最低水平；同时，制造业就业人数从1979年巅峰时期的1955万人下降至2023年的1299万人，处于较低水平；制造业就业人数占全部就业人数的比重从1953年的32%左右下降至2022年的8%，处于历史最低水平。

美国制造业就业人数下降、制造业就业人数占比下降，到底是制造业转移的结果，还是制造业发展的结果？

一方面是制造业转移的结果。

最近几十年，美国跨国公司大规模投资亚洲新兴国家，把劳动密集型工厂转移到中国、印度等国家。根据美国商务分析局的统计，截至2020年末，美国制造业跨国公司总资产规模超过2500万美元的海外子公司共有11293家，海外子公司当年实现营业收入2.5万亿美元，制造业增加值5510亿美元。截至2021年末，美国制造业对外投资余额为9126亿美元，占全部对外直接投资规模的16%。

反过来说，近些年制造业回流增加了美国的制造业就业人数。从2009年到2022年，美国制造业就业人数增加了150万人。据Reshoring Intiative估计，2022年美国制造业回流创造的就业岗位数量高达228723个，制造业回流和FDI创造的就业岗位数共计351431个，均创历史新高。

另一方面是制造业发展的结果。

虽然美国制造业增加值占全球的比重在下降，但是美国制造业并未衰落，而且其竞争优势在欧美制造业强国中还有所扩大。从2000年到2021年，美国制造业增加值相对日本扩大了17个百分点，相对德国扩大了29个百分点，相对法国扩大了161个百分点。

但是，美国制造业发展为何反而压缩了制造业就业人数？逻辑上存在两种可能：

一是产业升级的替代效应。

过去几十年，美国制造业持续升级，将低端制造业转移到新兴国家，将高附加值的制造业及其部门留在本土。本土研发投入增加推动的制造升级，提高了设备与技术对工人的替代率，制造业就业人数反而下降。

二是产业分工的分离效应。

随着制造业不断进步，产业分工越来越精细化，原来的设计、规划、法务、会计、审计、融资、人力资源等部门分离出去，形成了庞大的现代商务服务产业，大量就业人口也随之分离到现代商务服务业中。

这就出现一个简单的矛盾：制造业无论转移还是发展，其就业人数都会下降。我们暂且将其称为"制造业与就业悖论"。

再看中国的情况，公开数据显示，从2004年到2019年，中国制造业增加值持续上升，但是制造业增加值占GDP的比重却从35%下降到27%；同期，制造业就业人数并未随着制造业增加值的上升而一直持续增长。制造业人数占比从2007年峰值的29%下降到2019年的16.9%。制造业就业人数越过2014年高点后开始下降，2017年后加速下降。

根据国际劳工组织的数据，2021年中国制造业就业人数较2012年减少2200万人。根据国家统计局的数据，中国第二产业（含制造业、建筑业、采矿业）的就业人数在2012年达到2.32亿人的高点后开始减少，之后5年减少超1400万人。

中国制造业与制造业就业与之前美国走势类似，即制造业增加值占GDP的比重、制造业就业人数先升后降，呈倒“U”形走势，如今均已进入“双拐点”——制造业增加值占比拐点，美国是1952年，中国是2006年；制造业就业人数拐点，美国是1978年，中国是2014年。

按这个趋势，未来中国制造业增加值还将上升，但制造业增加值占GDP的比重、制造业就业人数将持续下降。

中国制造业就业人数下降的原因是否与美国类似？制造业发展与转移同时削减了制造业就业人数吗？

中国制造业产业升级的替代效应、产业分工的分离效应，一定程度上压缩了制造业的就业空间。

最近10年，制造行业大规模投资技术设备，新设备替代了更多工人。根据机器人行业贸易组织国际机器人联合会（IFR）的数据，2021年中国工业机器人的安装量同比增长45%，超过243000台，这个数量几乎与世界其他地区的数量总和相当。

2022年中国人民银行特设设备更新改造专项再贷款工具，专门为制造业设备更新改造提供低息（金融机构不高于3.2%）贷款（2000亿元）。

2005年到2017年，技术密集型行业的就业人数占制造业就业总人数的比重从32%上升到44%，而劳动密集型和资本密集型行业变化较小，在30%上下波动。

有意思的是，国有和私人制造企业的就业人数明显分化，国家统计局数据显示：国有（城镇非私营单位）制造企业的就业人数从2014年到2021年持续下降，下降幅度高达27%，减员规模达到1429万人；这期间，私人制造企业的就业人数增加超过1200万人。

原因可能是，在制造业中，不少国企属于原材料加工业和装备制造业，近些年国企因产业升级、污染整治而大规模推动设备更新改造，导致相关领域就业人数下降。而私人制造企业在劳动密集型行业中的占比较大。

与美国情况类似，中国制造业分工持续推动制造业人数的萎缩和商务服务业人数的增加。

《中国劳动统计年鉴》数据显示，2012年到2021年，国有制造业就业人数减少1400万人，国有租赁和商务服务业增加388万人，国有金融业增加291万人，国有科学研究与技术服务增加120万人。

除了制造业发展外，制造业迁移对就业的冲击也不可忽视。近些年，服装、鞋帽、家具等劳动密集型制造业向东南亚国家转移。根据光大证券首席经济学家高瑞东的研究数据①，与2017年相比，2019年美国自中国进口的皮革、纺织、鞋帽分别下降16.6个、3.2个、5.2个百分点，同期从东盟进口的这些品类的份额分别上升了11.6个、1.8个、4.4个百分点。

所以，无论是国企还是私人企业，制造业就业人数占比都在下降。国企制造业就业人数占国企就业总人数的比例从2010年的29%下降到2021年的22.5%。私人制造业就业人数占私企就业总人数的比例从2005年的27.8%下降到2019年的14.58%。

问题来了，推动制造业发展还能否扩大就业？

02
制造业与经济逻辑

当制造业步入“双拐点”后，制造业与就业的关系出现“悖论”：制造业增加值增加，但是制造业就业人数下降；制造业增加值占GDP的比重下降，制造业就业人数占就业总人数的

① 高瑞东．对美出口大幅回落背后：产业转移在加速[EB/OL].（2023-03-08）[2023-12-08]. https://finance.jrj.com.cn/2023/03/30083337439569.shtml.

比重加速下降。

当前，中国正在大力发展先进制造业，同时又面临比较突出的失业问题，尤其是青年失业率持续上升，那么这两大宏观经济目标是否冲突？

要解决这个问题，必须破解上述“制造业与就业悖论”。

制造业发展越过“双拐点”后，虽然制造业就业人数、制造业就业人数占比均下降，但是，这依然是有利的。为什么？

制造业发展引致制造业就业人数下降，但同时创造了更多就业，促进就业总量增加。

制造业分工精细化，设计、会计、融资、软件等部门分离出去，并形成庞大的现代商务服务业及其就业岗位。

制造业技术升级，提高了经济效率，创造了更多收入，产生收入效益，制造企业增加商务采购，制造业工人增加资产和服务采购，扩大了商务服务业、房地产业、金融业、零售业以及其他服务业的收入及其就业人数。

最近三十年，若加上商务服务业的就业人数，美国制造业的就业人数并未下降太多，而若再加上其他如房地产业、服务业的就业人数，美国整体就业人数在上升。

所以，制造业与就业悖论并不存在，制造业的发展最终促进就业总量扩张。

但是，我们还需要解决经济学中一个“节外生枝”——“鲍莫尔病”。

1965年，美国经济学家威廉·鲍莫尔在一篇论文中，建立了一个两部门宏观经济增长模型，其中一个部门是“进步部门”，主要指制造业；另一个部门是“停滞部门”，主要指市政服务、教育、表演艺术、饭店、休闲等服务业。

鲍莫尔认为，进步部门效率高，而停滞部门效率低。如在表演艺术市场上，三百年前的莫扎特四重奏要四个人演奏，三百年后依然要四个人。

鲍莫尔推演，进步部门的生产率快速增长形成收入效应，进而大量采购服务，但是服务业效率不易提升，导致工资不断上涨。他预测，停滞部门（服务业）由于工资不断上升、缺乏效率，要么最后消失，要么不断壮大拖累整个国民经济。这种现象被称为“鲍莫尔病”。

“鲍莫尔病”真实存在吗？

如果鲍莫尔病真实存在，制造业越过“双拐点”之后，就业人数不断往服务业集中，最终因服务业工资高、无效率而拖垮整个国民经济。但现实中，欧美经济体并未因服务业持续扩大而衰退。

实际上，鲍莫尔的研究至少存在这么几个问题：

一是经济是一个系统，不能简单地区分为停滞部门和进步部门。会计、设计、律师、融资、人力资源、软件等一些服务业是从制造业中分离出来的。而且，先进制造业与信息服务业又高度融合，如苹果公司是制造业还是服务业，是停滞部门还是进步部门？

二是各个产业之间相互协作。制造业的效率产生了收入效应，增加了服务业的收入。但是，制造业的效率不完全来自制造业本身，教育、金融、现代商务服务也促进了制造业的技术进步，提升了管理和融资效率。

三是各个产业之间相互竞争。如果某类服务业无效率，自然会被市场淘汰。制造业亦如此。服务业也会通过引入技术来提高效率、提升服务质量。如演艺行业运用信息技术和互联网提高了经济效率，新闻、会计等知识服务业运用人工智能也提高了经济效率。

所以，“鲍莫尔病”在逻辑上并不存在，但它可以帮助我们更好地理解制造业、服务业与就业之间的关系。实际上，制造业越发达，服务业就越发达，总体就业水平（就业数量与工资）就越高。

根据国际劳工组织的数据，2012年到2021年，中国制造业的就业人数下降15%，而服务业的就业人数增长32%，达到3.65亿人。

需要警惕的是，制造业投资泡沫会形成“假性繁荣”。因为过度投资既不会带来制造业就业增加，也不会提高整体就业水平，反而可能诱发风险，引发更多失业。这符合弗里德曼对菲利普斯曲线的批判：通胀不会增加就业。

以房地产为例，过去，超发货币注入房地产市场，刺激房地产投资迅速增加，房地产、建筑业及上下游相关产业就业范围扩大；当房地产泡沫风险出现，并引发政策整顿时，市场急转直下，开发商陷入债务危机，供应商讨债、工人讨薪，开发商、建筑商、材料商、地产中介商整个产业链裁员。

原材料市场类似。疫情大流行期间，欧美国家或地区印发大量货币注入家庭部门，并迅速转化为购买力引发了大通胀，大通胀又激励上游原材料部门迅速扩张产能。接着，美联储激进加息，使通胀、需求降温，原材料价格快速下跌，原材料开采及其加工制造业裁员。

所以，我们需要关注制造业是否存在过度投资的问题。

全球疫情大流行期间，由于欧美国家或地区需求火爆带动出口高增长，同时中国政府扩大投资刺激经济，固定资产投资快速增长。国家统计局公开数据显示，制造业投资增速从2021年开始持续高于工业增加值增速，工业增加值增速从2022年开始持续高于工业企业利润增速。这说明投资收益率持续下降。

2023年上半年，制造业投资累计增速为6%，工业企业利润增速为-18.8%，二者增速扩大到24.8个百分点。国有企业固定资产投资（含制造业、房地产和基建）增速为8.1%，国有企业利润增速为-2.1%，二者增速扩大到10.2个百分点。

投资收益率持续下降，反过来约束制造业投资，制造业企业缩减产能、投资和雇佣，没有产生收入效应，没有带动服务业就业增加，青年失业率屡创新高。

最近几年，青年失业率持续快速上升，可能与高技术产业（信息技术、生物技术、新材料技术）投资收益率下降有关。2018年9月，高技术产业增加值增速和青年失业率均为12%左右，到2023年5月高技术产业增加值增速下降到1.7%，而青年失业率上升到20.8%。

到底该如何发展制造业才能促进就业？

03
制造业与数字经济

制造业投资创造新就业，需建立在市场的有效需求之上。

疫情大流行期间，芯片市场经历了过山车式行情。最开始，受线上及电子产品需求暴增的刺激，芯片供不应求、价格直上云霄；然后，全球主要国家或地区大规模投资芯片，美国、欧洲、日本、韩国和中国政府都提供大量的芯片补贴，芯片产能快速增加，价格应声回落，企业纷纷缩减产能、裁减员工。

然而，ChatGPT横空出世，引爆一场内容生成式AI革命，再次激活图像处理芯片市场。有意思的是，芯片市场呈现明显结构性。英伟达受AI需求刺激，图像处理芯片供不应求，传统芯片厂商英特尔则表现平平。截止到2023年7月26日，英特尔受ChatGPT概念股影响上涨31%，而处于风暴中心的英伟达股票则大涨212%。

ChatGPT与英伟达的关系揭示了数字经济与先进制造业深度融合的底层逻辑：软件是硬件的需求，软件需求引致硬件创新；硬件是软件的供给，硬件创新扩大软件需求。

用户对ChatGPT的需求增加，而ChatGPT这种大型语言模型依赖于大数据和强算力，强算力的需求增加进一步拉动芯片等电子产品供给增长，甚至还拉动上游半导体原材料、电力电网等产品供给增长。这符合马歇尔提出的引致（派生）需求理论。

反过来说，英伟达、台积电等半导体制造商通过技术创新，研发并生产出技术更先进、价格更低的芯片，大幅度提升大型语言模型的计算效率，ChatGPT回答更快捷、精准，同时服务价格更低，进一步扩大了用户的需求。这符合萨伊提出的萨伊定律——（新）供给创造（新）需求。

所以，需要将数字经济与先进制造业相结合、软件与硬件相融合。这是真正的现代制造业。

之前讲数字经济和实体经济融合，这次更加具体，讲数字经济与先进制造业、现代服务业（从制造业中分离出来的现代商务服务业、金融业）深度融合。

在现代经济体中，数字经济与先进制造业深度融合，硬件制造商根据软件系统技术迭代的需求进行创新。苹果产业链是产业深度融合的经典案例。苹果操作系统及其软件持续迭代，向硬件制造商发出需求指令，激励台积电的半导体芯片升级、富士康组装技术以及整个供应链系统升级。苹果公司在美国总部通过信息系统控制全球产业链，其工程师直接为富士康以及“果链”供应商改造生产线。

数字经济需求端带动制造业转型升级，才能创造真正有效的就业，最大限度地提高就业总量。

2012—2021年，中国数字经济规模从16万亿元上升到45万亿元，增加了近2倍；同期，数字经济就业人数从1.2亿人增加到2.4亿人，增长了1倍。预计到2025年，数字经济带动就业人数将达到3.79亿人。

有人提出，中国互联网企业主要业务是消费业务，美团买菜、滴滴打车无法像ChatGPT一样带动先进制造业发展。

这种观点是错误的，没有理解网络服务与制造业的关系。以打车软件为例，打车软件通过大数据计算实现用户与网约车高效撮合，不仅叫车方便，价格还相对便宜，扩大了打车需求；打车需求增长进而刺激了网约车供应大幅度增加，甚至倒逼传统出租车降低价格、改善服务态度；网约车增加一定程度上拉动了新能源汽车销量增长——既有政策强制因素，也有新能源网约车电费低的市场因素，进而带动电池、电子、半导体等上游原材料供应增加，最终带动整个产业链的就业增长。

交通运输部的数据显示，2023年4月，全国网约车司机数量达到了540.6万人，车辆数量达到了230万辆，分别比两年半前增长了1倍多。若新能源车占比为80%，新能源网约车为184万辆，相当于2022年比亚迪新能源汽车销售规模。其中，广汽埃安是新能源网约车的主要厂商，2022年汽车销量27.1万辆，同比增长126%。

反过来说，先进制造业技术进步，新供给也能创造新需求。比如，新能源汽车电池续航水平提升、价格下降，降低了新能源汽车的售价，推动打车价格下降、服务质量（空调）提升，并创造更大的打车需求。但是，先进制造业投资与技术升级不能脱离市场需求、不能偏离数字用户的需求。

所以，美团买菜、滴滴打车、微信支付等互联网消费平台同样可以促进先进制造业发展。我们不应削弱它们，而是要大力支持互联网应用性技术和消费业务的发展。互联网消费业务不仅能够给14亿用户带来便利、节省消费者剩余，还能够带动硬件技术创新、制造业转型升级。尤其在人工智能时代，内容生成式AI需要消费端的大数据“喂养”，而大数据计算又带动强算力增长。

现在的问题是，数字经济、现代服务业发展还不够充分，与先进制造业融合程度还不深。政府可以将数字经济、现代服务业与先进制造业三位一体，定义为“高质量经济体系”，并研究“高质量经济体系”的规律，推动数字经济需求带动先进制造业创新与现代服务业提升，先进制造业和现代服务业创造新供给进而创造新需求；为数字经济、现代服务业与先进制造业提供更大的发展空间，促进三大产业融合、经济效率提升，进而扩大就业总量。

最后，跳出产业与就业的分析框架，从宏观上来看，最重要的是通过制度改革提升普通家庭收入，才能从根本上解决需求不足的问题。

内卷化焦虑

1793年，英国国王乔治三世派马戛尔尼使团访问清朝，试图向清廷派遣常驻使节，以便两国通商。

乾隆皇帝一口回绝了英王："其实天朝德威远被，万国来王，种种贵重之物，梯航毕集，无所不有。尔之正使等所亲见。然从不贵奇巧，并无更需尔国制办物件。是尔国王所请派人留京一事，于天朝体制既属不合，而于尔国亦殊觉无益。"

18世纪，是人类社会的大分流时代。当时的大多数决策者并未意识到，他们正面临这一宏大的历史性问题。这一问题映射到全球化不确定的当下，亦令人感到焦虑不安。

本节从经济学的角度探讨人类内卷化历史以及内卷化出路。

01 内卷化惯性

1963年，美国人类学家克利福德·格尔茨在印度尼西亚做田野调查时发现，在殖民地时代和后殖民地时代的爪哇岛，人口没有向资本和技术密集型产业集中，而是不断地投入有限的水稻生产中，使得农业生产内部精细化。

格尔茨将这种现象称之为“involution”，即内卷化。

1985年，中国社会学家黄宗智在《华北的小农经济与社会变迁》中引入的“边际效用”一词更为准确地界定了内卷化的内涵和外延。他在这本书中分析了20世纪以前华北乡村的农业内卷现象及原因。

黄宗智认同俄国学者恰亚诺夫对小农经济的观点，这也是对小农经济内卷的阐释：“恰亚诺夫指出，在沉重的人口压力之下，小农经济会几乎无限地投入更多的劳动力来提高土地的产出，直到边际报酬接近于零，为的是家庭成员自身的生存。”①

从经济学的角度来看，内卷化是边际效用持续递减的过程，即“没有发展的增长”。

---

① 黄宗智. 小农经济理论与“内卷化”及“去内卷化”[J]. 开放时代，2020（4）.

这种现象并不罕见，在18世纪之前，人类社会已经内卷了千年或数千年。

英国学者安格斯·麦迪森在《世界经济千年史》中用数据统计揭示了一个“千年停滞”的内卷化经济：在公元后第一个千年里，世界经济几乎没有任何增长。

在那个漫长而痛苦的年代，经济增量仅来自人口与土地规模的增加。当人口增速超过土地扩张时，农业生产便呈现边际递减；当边际报酬逼近极限时，人类便陷入可怕的存量争夺——饥荒、战乱、瘟疫，以修正人地矛盾引发的资源冲突。

千年恶循环，万古如长夜。农耕时代的内卷化社会，是一个残酷的“马尔萨斯陷阱”[①]。

直到17、18世纪，人类才借助自由市场及其新技术、新制度一步步爬出这一陷阱。换言之，人类内卷化的时间长达数千年，摆脱内卷化不过区区几百年。

问题来了，人类为何被锁定在万古长夜之中？近代技术为何出现在17世纪前后，而不是14世纪，或者更早？

在万古长夜中，人类任何可能突破的想法、技术，均被一整套制度（国家机器、意识形态及法律习俗）锁定。

---

① 马尔萨斯研究经济发展与人口增长之间关系的一种理论，人口数量和农业发展成一定正比。指人口增长是按照几何级数增长的，而生存资源按照算术级数增长，这种矛盾会导致多出的人口总是难以存活下去。

在农耕时代，生产力低下，劳动剩余有限，信息不畅，货币稀缺，交易风险巨大，世界各地基本都采用农耕计划经济作为生存方式。为了强化生产与统治，统治者设定了一整套制度，如宵禁、海禁、禁止迁徙、“士农工商”等，将人锁定在土地上，同时消灭人的欲望。

所以，农耕计划经济与内卷化制度是相伴而生的。内卷化制度概括起来有三点：阶级固化、产权限制及信息垄断。

古代欧洲与印度、日本通过制度及宗教固化阶级。古代欧洲拥有一套典型的封建体系。国王靠家族及联姻管理城邦国家，贵族在封地里世代经营，不需要文官体系及职业军人。在等级森严的制度中，爵位可以世袭，底层人永远也不可能跻身到上流社会。欧洲和日本的皇室都是千年一脉，没有人想过去打破这一制度。

阶级固化是内卷化社会的天花板，极限压制人们的欲望，个人的努力很难实现阶层的跨越，印度的种姓制度与宗教将底层人的欲望、信心与动力消磨殆尽。

古代中国有所不同。隋唐之后，统治者采用了文官制度来管理国家，读书人可以通过考试实现阶级晋升。文官制度让古代中国人比欧洲人更早知道读书的价值，即考取功名，升官发财。

在古代欧洲，产权限制与阶级固化是一脉相承的，土地产权按阶级等级分配，被限制流通。在古代中国，阶级固化被打破，土地及财产所有权也随之流通。所以，古代中国比古代欧洲在阶级、土地及财产所有权方面都更具竞争性和流通性。但是，为何中国没有率先走出内卷化?

主要原因是信息垄断。中国古代知识分子愿意投资知识，但是其所读的书被限定了，信息被统治者垄断了。统治者利用信息垄断和文官制度，将知识分子晋升为王室之下的顶级猎食者，成了农耕内卷化的既得势力。

所以，内卷化是人被锁定在边际效用持续递减的制度环境中争夺存量。阶级固化、产权限制及信息垄断三位一体，阶级固化是内卷化社会的天花板，产权限制是中枢，信息垄断是窗户。

根据麦迪森的估计，直到1820年，中国仍是世界最大的经济体，GDP总量仍占世界份额的32.4%。

古代中国可能陷入“高水平均衡陷阱”，即内卷化制度在农业计划经济上发挥到极致，实现格尔茨发现的“农业生产内部精细化”，养活更多人口，开拓更多土地，创造更多总量。

但是，农业计划经济惯性越大，就越远离自由市场与技术创新。

从社会文明的角度来看，“没有发展的增长”，只是在反复演绎悲剧。

02
开放性生存

14世纪的黑死病以极其残酷的方式从人类内卷化社会撕开了一道口子，从此城邦经济衰落，海洋文化兴起。自由市场及其新技术、新制度（思想）三股力量打破了内卷化体系，推动边际曲线右移，缔造了规模递增。

1776年是人类走出内卷化最具标志性的一年。这一年，亚当·斯密发表《国富论》，瓦特发明实用性蒸汽机，北美发布《独立宣言》。

自由市场蕴藏着一套激励性的竞争规则。这种竞争规则以价高者得为原则，鼓励人人创造，公平竞争，保护私产。新技术、新知识不是给定的，而是这套激励性的竞争规则催生的。这就是制度内生性。

按照布坎南的规则决定论，规则决定效果，规则重于效果。只要规则是公平的，结果就是公平的。只要规则是有效率的，结果就是有效率的。但是，这套激励性的竞争规则，藏在无数个私人契约中，需要显性化、公共化和宪政化。

为什么欧洲率先走出内卷化？

地理决定论认为，随着内卷化制度的瓦解，地中海开放性的地理格局以及贫瘠的土地，促使西欧人恢复到罗马共和国时代的生存方式，即迁徙、出海、交流、交易、经商。东亚的地理格局是东临大洋西靠大山，中间土地富庶，改朝换代后的新统治者只要恢复文官体系即可维持“高水平均衡”的农耕统治。

从农耕文化到海洋文化，从内卷化社会到开放经济体，是人类生存方式的切换——从计划为生到交易为生，从数量型经济到效率型经济，从存量争夺到增量创造。

荷兰、英国、美国等海洋文化国家，率先摆脱内卷化社会。法国和德国要艰难一些。法国农业富庶，农耕文化深重，最终经过法国大革命的残酷洗礼才迈入海洋文明；德国原本是一个农奴制国家，给人间带来两次大灾难后才走上正道。

对于后发国家而言，开放是打破内卷化最简单的方式。

但是，这种方式是有前提的，即发展自由市场。

古代各国为何不相互开放以打破内卷化?

我们很难想象，不同国家、不同人种、不同民族、不同肤色的人，在古代世界像今天一样突然大规模相遇会发生什么。有两种可能：一是战争，二是瘟疫。

古代社会是一个封闭体，国与国、村与村之间几乎是隔绝的。土地稀缺及存量争夺强化了人们的领地意识，大规模的陌生人突然出现，定然引发强烈的不安与对抗。长期以来，古代统治者也不断地塑造外部敌人，鼓噪民族主义和国家主义，以强化政权的合法性及统治的稳定性。如此，古代人相遇，极易拔刀相向，如蒙古人西征、欧洲人入侵美洲、古中国土客械斗等。古代游牧经济是开放性的，但不是自由市场，古代游牧民族在领地扩张时往往伴随着侵略。

开篇中乾隆与乔治三世的对话，其实是朝贡制度与市场制度的碰撞。“朝贡制度的设计和基本运作力量，源自对文化、政治、身份地位的关注，而非源自对追求最大获利的关注。”在当时，农耕国家没有能够承载大规模交流与协作的市场力量。郑和下西洋是朝贡制度的强化，其目的是强化政治认同与附属。古代丝绸之路是发达的农耕经济的溢出，其自由贸易的相对体量太小。

另一阻碍因素是瘟疫。古代医疗水平无法实现病毒隔离，不同种族的人群接触容易感染致命性病毒。据说，美洲殖民时期，欧洲人携带的病毒杀死了大部分印第安人。

所以，在实现要素自由流通的市场之前，国与国、人与人有意地避免接触、交流。只有自由市场兴起之后，人类才完全改变隔绝状态，真正进入开放性生存模式。

要素自由流通的市场是一种黏合剂，是陌生人之间大规模协作的自发秩序，只有这样才能延续世界人口的大规模迁徙、交流与协作。在自由市场中，技术、知识创新以及无障碍流通、交换持续创造增量，每一个人都在劳动分工体系内获利。

另外，只有自由市场创造的医疗技术、卫生制度才能抵御大规模交流带来的传染病毒风险。传染病毒风险是自由市场风险的一部分。近代市场兴起以来，天花、流感等致命性传染病基本得到控制。

所以，人类打破内卷，依靠的是要素自由流通的市场。

在全球化时代，后发国家可以享受国际市场的红利，也可以享受国际技术迁移的红利。农耕时代是内陆河经济，工业时代是海洋经济，如新加坡、东京、汉城、香港、上海、深圳等大都市都是临海城市。美国史学家彭慕兰在《贸易打造的世界》中宣称："运输不只决定了利润、损失、贸易量，还拉近人与人的距离，左右了时间观，重画了地图，开启了今日称之为商品化、全球化的观念变革。"

在后发国家中，只有日本、韩国、新加坡等极少数国家摆脱了内卷化，多数国家的经济发展陷入停滞，社会就有限的存量（生产资料）进行竞争，生产要素趋于固化，社会规则对弱者造成了实质性不公平。譬如，拉丁美洲的后发国家掉入了所谓的中等收入陷阱，也是内卷极端化的一种表现。中等收入陷阱其实是制度陷阱，增长源自外部，内部制度改革长期停滞，无法催生新技术和增量。一旦国际技术转移红利消失，或者国际市场出现风险，又会回到内卷化社会。所以，开放只是打破内卷化的第一步，开放倒逼改革才是关键。

英国思想家埃德蒙·柏克曾警告说："一个国家若没有改变的能力，也就不会有保守（非中文语义的保守，可理解为'演化'）的能力。没有这种能力，它将不免冒着一种危险：失去其体制中它所最想保存的部分。”

03
全球化内卷

可是，如今连先发国家也正在失去演化能力，竞争制度失效，开始走向内卷化。而财政软约束，便是信用货币时代的内卷化制度。引发的后果诸如福利主义泛滥的同时贫富差距扩大等。

为什么竞争制度会失效？美国经济学家曼瑟尔·奥尔森的“集体行动的逻辑”可以解释现代化国家的集体内卷化。当经济发展到一定阶段，经济积累形成的既得势力试图改变制度。既得势力更接近公权力，他们试图回到计划控制的生存法则之下以获取垄断租金。于是，煤炭、钢铁、棉花、铁路等组织便不断涌现，并千方百计地游说政府。

当普通民众发现公共决策被既得势力掌控时，他们也会利用民主选票改变或影响公共政策，这有点像“搭便车”行为，即机会主义、投机分子，借“公共”名义实现个人的私利。奥尔森认为，只要集体成员不对称和选择性激励这两个条件存在，就有人愿意开启这辆便车。譬如，政治投机分子为了迎合选民，鼓吹福利权是基本权利，宣扬平等主义价值观，最终政府被迫以扩大福利为第一目标，即便财政赤字累累，也变相滋生懒惰、排斥竞争，这便将激励性竞争制度沦为低效的内卷化制度。财富，是通过竞争和激励得来的，而不是天上掉下来的。但是，“搭便车”的既得利益者们都在装睡，没人会在乎这一人尽皆知的道理。货币扩张，金融势力膨胀资产，建制派扩张财权，“搭便车”的人获得福利。直到有一天引发“公地悲剧”，他们或许才会惊醒，抑或是相互指责。

从中我们可以捕捉到政府权力扩张的逻辑：既得势力、福利主义者以及越来越多的“搭便车”者，倾向于支持政府扩大权力，攫取更多公共资源。其实，“集体逻辑”引发的内卷化源自宪政漏洞，即在信用货币时代的财政约束软化（失效），而由其引发货币失控，本质是内卷化下的财富争夺战。

与先发国家类似，其他国家同样存在内卷化势力。

奥尔森在《权利与繁荣》中区分不同类型的政府所产生的经济效应。奥尔森认为，无政府状态下，流寇当道，以掠夺为生。比流寇更高一级的是坐寇，以计划控制为生，他们允许部分市场存在以收取租金和税收，同时会主动保护臣民及财产。奥尔森从流寇到坐寇的发展趋势中看到了通向文明与民主的种子。

但是，奥尔森过于乐观。某些国家如军政府时代的韩国，将新技术、新知识及市场经济沦为工具，催生皇室经济、官僚经济、财阀经济及马克斯 · 韦伯所说的“贱民资本主义”（具有任人唯亲、裙带关系、小团体主义、地方保护主义、贪污受贿等特征）。

他们与华尔街、跨国集团、建制派共同建立了一个不平等的、失衡的全球化秩序，形成华尔街+海外财阀、华尔街+沙特石油、华尔街+皇室财团等“全球化割据”。这种全球化秩序最终导致全球经济走向内卷化。

他们在海外市场构建了行政性垄断优势，而非充分发展平等的自由贸易。这一垄断性经济既损害了新兴市场的消费者利益，也损害了先发国家的工人利益。这种秩序为跨国集团创造了极其优厚的投资条件，如税收减免、土地优惠、法律红利、排他性协议。在这种全球化秩序中，国际资本可实现利益最大化，但是工人却被锁定在本土市场并被征收较高的工薪税。扭曲的全球化秩序促使国际资本转移到海外，迫使大量本土工人失业。

上述国家的权力阶层努力在内卷化制度与经济全球化之间找到一种统治平衡。他们不断地利用外资和技术充实自己的财力，构建一个半封闭半开放的经济体系。

比如沙特的资源型内卷。沙特是一个政教合一的国家，王室掌管石油资源，并借助国际资本和国际市场出口石油创富。但沙特的社会内卷化严重。

又如泰国的特权型内卷。泰国的政治及经济命脉长期被王室与军方控制。泰国王室被认为是世界上最富有的王室，其家族掌握着商业银行。商业银行大肆向皇室财团贷款，从而透支了泰铢的信用。终于，1997年泰铢危机爆发并引发了亚洲金融危机。

当时，韩国的情况与泰国类似，但结局不同。韩国财阀控制了商业银行，制造了金融风险。1997年，位列韩国前30的财阀的债务权益比高达518%，其中有5家甚至超过了1000%。亚洲金融危机瞬间推倒了韩国金融防火墙，韩国政府紧急地向国际货币基金组织（IMF）寻求援助。后者为韩国政府提供了570亿美元一揽子贷款，将韩国从破产的边缘拉了回来。

当时，韩国财阀故意鼓动民族主义者，抨击韩国政府与IMF的合作丧权辱国，号召民众游行示威，试图维持现状。所幸的是，1988年韩国就已经结束了军政府统治，民选政府选择继续对外开放，对内切断财阀与银行的灰色链条。正因如此，韩国是为数不多的摆脱内卷化的后发国家。

所以，一旦全球化打破了这种利益与权力平衡，危及到王室、财阀们的根本利益，他们会成为最极端的反全球化力量。

美国政治学家萨缪尔·P.亨廷顿在《文明的冲突与世界秩序的重建》中指出，高水平的经济相互依赖“可能导致和平，也可以导致战争，这取决于对未来贸易的预期”。经济相互依赖只是“在各国预期高水平的贸易在可预见的将来将持续下去时”，才会促进和平。如果各国预期高水平的相互依赖不会持续，战争就可能出现。

亨廷顿从预期的角度分析逆全球化问题，但未能揭露本质。这种预期，并非正常的市场预期，而是一种扭曲的预期。

如今，信用货币时代的财政约束软化和失衡的全球化秩序这两大问题造成了全球经济内卷化，引发了普遍的内卷化焦虑。

人类内卷千年的经验告诉我们，摆脱内卷化必须同时满足两大理性公式：制度变革的社会边际收益大于社会边际成本（卡尔多–希克斯效率），制度变革者的收益大于平均收益（奥尔森效率）。

参考文献

[1] 佩雷菲特. 停滞的帝国[M]. 王国卿，毛凤支，等译. 北京：生活 · 读书 · 新知三联书店，2013.
[2] 克利福德 · 格尔茨. 文化的解释[M]. 韩莉，译. 北京：译林出版社，2014.
[3] 安格斯 · 麦迪森. 世界经济千年史[M]. 伍小鹰，许宪春，译. 北京：北京大学出版社，2003.
[4] 彭慕兰，史蒂文 · 托皮克. 贸易打造的世界[M]. 黄中宪，吴莉，译. 上海：上海人民出版社，2018.
[5] 詹姆斯 · M. 布坎南. 宪则经济学：人类集体行动机制探索[M].韩朝华，译. 北京：中国社会科学出版社，2017.
[6] 曼瑟尔 · 奥尔森. 集体行动的逻辑[M]. 陈郁，郭宇峰，李崇新，译. 北京：生活 · 读书 · 新知三联书店，1995.
[7] 曼瑟尔 · 奥尔森. 权力与繁荣[M]. 苏长和，译. 上海：上海人民出版社，2005.
[8] 塞缪尔 · 亨廷顿. 文明的冲突[M]. 周琪，等译. 北京：新华出版社，2017.

家，会消失吗？

2020年，经济学家梁建章与李铁关于生育政策调整进行了十余回合的辩论。梁建章教授主张全面放开生育，李铁教授则反对，认为中国人口过多，劳动力供给长期过剩。

为此，梁建章教授特意对654位经济学家发起了一次邮件调查，其中收到了242位经济学家的回复。在“现在是否应该全面放开生育”问题上，73%的受访经济学家选择了“是”，只有16%受访者给予了否定答案，另外的11%则选择“不确定”。

是否应该全面放开生育？低生育和老龄化危机的根源是什么？未来家庭会消失吗？

本节从经济学的角度探索低生育、老龄化的本质，以及家庭组织的演变趋势。

01
低生育难题：人口多还是少？

关于生育政策调整的争论由来已久。支持放开生育的普遍理由是，中国生育率持续下降，劳动人口减少，可预见人口危机和老龄化危机；反对者则担心放开生育会引发人口失控，给公共财政带来负担，甚至引发社会危机。

其实，不管是支持者还是反对者，都不应将人口数量作为生育政策的决策依据。

从经济学角度来说，人的自主行为，包括生育、迁徙、投资、就业、学习、创业等，都不应该受到限制。除非这种行为造成了负外部性，如醉酒驾驶、谋财害命等。人的行为，是一种经济行为，是一种基于自利原则的有目的的经济行为。任何对非外部性行为的限制或扭曲，都会降低经济效率，造成社会福利的损失。

比如限制迁徙行为，农民只能在村子里种地，没法外出打工赚钱。这就造成了劳动力资源的错配和浪费，也就没有了今天的制造业和家庭财富增长。

如果限制生育，就相当于限制了人的自由行为。生育行为受限，会降低劳动力的自由供给，扭曲劳动力价格。在20世纪六七十年代，中国迎来了一波婴儿潮。之后八九十年代，中国实行了严格的计划生育。这就制造了一波人口红利：婴儿潮的那批年轻人进城转化为大规模的劳动力，再加上生育少，养育负担轻，更多女性成为劳动力。

但是，这是一种经济透支。当“婴儿潮”的那批人逐渐退出劳动力市场时，我们将面临一系列问题：年轻劳动力不足，生育率低下，老龄化加剧。所以，经济学并不支持人口红利，因为人口红利尤其是持续的人口红利，意味着劳动力供给和价格被扭曲。

限制性生育政策替代了个人的生育决策，导致人口供给曲线的不平滑，人口增长和劳动力供给可能出现断崖，对经济社会造成不均衡的“人口脉冲”。

人口负担论坚持者不相信个人或家庭能够理性选择生育。他们担心，如果生育权不被政策限制，而是回归家庭，可能引发历史上反复出现的人地矛盾危机。

确实，在避孕技术未普及之前，生育行为无法“自主可控”，这就容易造成周期性人口失控，加剧人地矛盾，引发灾难、饥荒。

人口限制论、人口负担论支持者普遍以此残酷的历史教训以及马尔萨斯古典人口理论为依据。

还有人提出，人口总量必须要干预，因为人是非理性的，生育行为也是非理性的。这里包含两个问题：一是人的行为是不是理性的；二是生育行为是否具有负外部性。

首先，需要澄清的是，微观经济学的学说都建立在经济人假设前提上，但不能将经济人与理性混为一谈。

经济人以自利为原则行事。自利是主观的，是“自以为对自己有利”或“自以为利益最大化”，但结果未知或未必。理性并不是前提假设，而是市场优胜劣汰的结果。自由市场的竞争结果反馈的是，越趋于理性的人，存活概率越高、赢面越大，非理性的人则容易被市场淘汰。明白了这一点，我们回到生育行为。生育行为是个人或家庭以自利为原则的经济行为，它可能是理性的，也可能是非理性的。但是，自由竞争的结果反馈的是，非理性的生育行为会付出巨大的代价，甚至可能被淘汰。每个家庭会根据成本与效用法则判断是否生育、何时生育、生几个以及投入多少养育费用。

似乎有人能够计算出当今世界的最佳人口规模，能够洞察每个人、每个家庭的最佳生育决策，但人口过剩还是过少，不是某个人、某个机构说了算。在自由生育的环境中，人口多与少是没有明确标准的，人的素质需要多高是没有统一标准的。正如自由市场上的矿泉水、方便面、手机，过剩与否、质量高低是由市场价格来指挥的、个体的效用来判断的。

如果生育行为极为非理性，生而不养，生而不育，未成年犯罪率增加，给社会带来负担，这不就是生育的负外部性吗？

02
老龄化陷阱：养老难在哪儿？

我们需要考察：是生育行为产生外部性，还是制度（政策、法令）导致外部性。这种制度包括未成年人保护法、社会保障制度等。

在有效的制度（个人边际成本等于社会边际成本）下，个人或家庭的生育行为，像打工、创业、做饭等一切行为一样都经过成本与效用的考量。每个人都会自觉或不自觉地计算生育成本，同时也享受生育带来的效用。虽然这种计算未必是理想的，但正当的生育成本及优胜劣汰的结果反馈使人趋于理性生育，因此不会出现集体非理性生育和人口失控。

相反，不合理的制度是导致生育产生负外部性的根源。所谓不合理的制度，就是生育行为可以占他人、社会的便宜。

比如，20世纪60年代，美国民主党人约翰逊总统支持平权运动，提出所谓的补偿性正义，给单亲黑人家庭提供超额补贴。这种看似正义的政策却引发了生育行为的外部性。超额补贴扭曲了正常的生育行为，鼓励黑人未婚生育，导致黑人家庭破裂，涌现大量单亲黑人儿童——70%的黑人孩子来自只有母亲的单亲家庭。

老龄化的问题，也可以通过这样的方式追溯到社会保障上。

随着社会经济的发展，全世界都面临老龄化带来的挑战，直接问题就是养老金不足。根据全国社保基金理事会公布的年度报告，2018年社保基金亏空7000多亿元，2019年亏空突破万亿元。社保基金的资金缺口主要来自养老保险和医疗保险，2018年养老保险基金缺口超过4500亿元，医疗保险基金缺口接近2000亿元。中国乃至全球都面临社会保障危机。

很多经济学家认为，福利制度是社会运动的结果，但缺乏科学依据。这种观点认为，社会保障制度是对个人行为的不信任，是一种强制储蓄制度，还是一种容易引发“搭便车”问题的制度。假如一个工人每月缴纳1000元社保，这1000元交给他个人支配（投资、消费）更有效率，还是交给社保基金更有效率？传统经济学家支持前者。

但是，传统经济学家忽略了制度的内生性——制度是个人契约的公共化。他们没有理解制度本身来源于个人行为，源于个人行为的公共制度对经济增长是有效率的。

庇古开创的福利经济学，从社会总效用的角度论证福利制度的科学性。这种总量思维是违背经济学规律的，将福利制度带入了歧途。能够论证制度有效的是公共选择理论。公共选择理论从“方法论的个人主义”出发，认为公共选择是所有参与者的个人“政治交换过程”。

比如，一个孤岛上有甲乙二人，二人出于共同的风险考虑，决定合力搭建木屋，这就形成了甲乙之间的私人契约公共化，也就形成了公共制度：木屋的产权归属公共，使用权甲乙均等享有。

再看社会保障制度。社会保障制度最早是由德国建立的，后来欧美国家或地区在平权运动的推动下逐渐建立了完善的社会保障体系。那么，社会保障制度到底是私人契约的公共化，还是由政府或社会运动主导者建立的？

在欧美国家或地区，由个人或单个运动者主导的制度是难以持续的。例如，平权运动时期，民主党政府要求美国高校为黑人提供专门的录取名额。在1978年巴克案中，最高法院认为，对黑人学生实行定额制违宪。此后，这种不合理的福利制度逐渐被高校废除。

社会保障制度也是个人契约的公共化。如公众为了规避不确定性风险（失业、生育及生老病死）而决定设立公共基金，这一个人契约的公共化就是社会保障制度。所以，公共制度是所有个体私人契约的公共化。公共制度与经济学不矛盾，也可以达到自由市场中的帕累托最优。

但是，公共制度达到帕累托最优的条件极其苛刻，那就是“全体一致原则”，即每个人都有一票否决权。全体一致原则是公共制度导向帕累托最优的唯一投票准则。它确保没有任何一个人的利益受损，即个人边际成本等于社会边际成本，也等同于罗尔斯“无知之幕”[①]下的正义规则。

不过，“全体一致原则”的组织成本奇高无比，甚至是不可能实现的。所以，很多国家选择代议制民主和多数票原则。多数票原则定然会出现多数人“欺负”少数人现象，这就构成了效率的部分损失。公共选择理论将这种损失定义为“政府失灵”。当然，如果按少数人决策原则，少数人占了多数人便宜，“政府失灵”更严重。

公共选择理论表明：公共决策越趋于“全体一致同意”，公共制度效率越高，政府失灵越轻；越趋于少数人决策，公共制度效率越低，政府失灵越重。

这就是当今世界社会保障问题重重的根本原因。

03

弱家庭趋势：家庭会消失吗？

全球范围内的生育率低、老龄化趋势，给未来的世界经济蒙上一层阴影。随着社会观念的改变，单身、不婚以及丁克人

① 罗尔斯在《正义论》中提出的一种思想实验，当人被“无知之幕”遮蔽时，排除了性别、种族、智力、财富、健康、宗教、道德观等任何特征，只依据一般的理论知识和理性原则，来选择最有利于自己的正义原则。

群的增加，人们对家庭这个人类爱之容器的没落感到担忧。未来，家庭会消失吗？

家庭，曾经是一个富有效率和竞争力的经济组织。

在农耕时代，尤其是中国的小农经济时代，家庭是组织计划生产最重要的主体。受一整套传统礼教及家庭制度的支配，古代中国家庭的分工要比欧洲更精细，内部协作效率更高，洗衣、做饭、耕田、生育、教育、打猎、防卫等一系列活动都有明确的分工。古代家庭的规模也要比今天大，他们以家庭、家族、宗族为单位，聚族而居、协作生产。古代家庭的决策机制主要是家长负责制，具有严格的纪律性。

进入工业化社会后，家庭的效率自然比古代更高，但家庭在经济生产中的中心地位，迅速被自由市场和企业替代。今天，企业是各国财富创造的主体，自由市场是资源配置的核心力量。宗族逐渐解体，家族化整为零，家庭的内部分工与计划逐渐被瓦解，越来越多女性走出家庭到市场中就业、创业。有些家庭将孩子的抚育、教育、做饭、卫生等工作也外包给了保姆、幼教企业。当女性在工作上获得的边际效用超过了生育的边际效用时，家庭生育率就会下降。所以，生育率下降的其中一个外部原因是自由市场和企业对家庭构成竞争。

家庭正在被竞争所改变，但在与企业、自由市场竞争资源时显得效率不足。这是为什么？

美国经济学家彼得·戴蒙德曾提出家庭资源配置的最优模

型——戴蒙德模型，即只有在代际交叠模型中才能达到帕累托最优。什么意思？

例如，家庭有一笔储蓄，这笔储蓄是用于父亲的企业投资，还是给孩子出国留学，或是给母亲安排家庭旅游，抑或是给爷爷奶奶、外公外婆购买保险？这笔储蓄需要在夫妻及多代人中以无差异曲线进行有效配置。

戴蒙德模型告诉我们，家庭是一个完整的有效率的经济组织，人的预期可以超过个人生命的长度，家庭跨代际配置资源才是具有最优效率的。

但是，婚姻制度、“生育陷阱”与家庭决策机制，降低了戴蒙德模型预设的最优效率。

首先从婚姻制度说起，婚姻是家庭的核心。人为什么要结婚？结婚是一种经济行为，婚姻制度促成了男女双方合作，提高了经济效率与个人效用。

在农耕时代，由于信息不充分，婚姻以包办为主，采取一夫一妻多妾制，可最大限度地降低交易费用和繁衍风险。根据费孝通在《乡土中国》中的分析，农耕时代的中国家庭关系以父子纵轴为纽带，主要原因是农耕时代产出主力是男性，强化父子纵轴关系比强化夫妻之间的横轴关系更有效率。

现代婚姻是自由婚姻，且采用一夫一妻制。婚姻资源的自由配置大大提高了效率，离婚修正了婚姻资源错配的风险。为了降低非理性，夫妻双方会签订契约，并受法律保护。

但是，现代婚姻在资源配置上依然受到各种习俗的影响以及法律重视不足从而降低了效率。比如，法律对女性在离婚时的财产分配支持不足，对重婚和出轨惩罚不够。更重要的是，现代家庭以夫妻横轴关系为纽带，这种夫妻关系是经济效率的来源。反过来说，婚姻资源配置不当，会降低家庭的经济效率（效用）。戴蒙德模型的前提是家庭构成必须是有效的，但是不当的婚姻资源配置不满足这一条件。

婚姻制度要比企业的雇佣制度、合伙制度效率低。这是家庭效率不如企业的重要原因。

婚姻制度能否改成雇佣制度或合伙制度？

经济学并不支持这一点。因为婚姻制度下的生育和教育效率（效用），要比雇佣制度、合伙制度的更高。合伙人可以与多人合作生产产品，但婚姻制度不存在这种现象。雇佣关系被解除后，产品与受雇者没有任何关系。但在婚姻制度下，即便离婚，亲子关系也不会发生改变，父母依然承担对孩子的抚养权。

其次是生育陷阱。

如今中国乃至全球生育率都在下滑，如果生育率继续下滑，一个个家庭会将悄无声息地消失。令人费解的是，经济持续增长，生育率不可逆地下降；经济萧条，生育率也下降。即使放开二胎，人们也不增加生育。

这里需要严格区分其成因：

随着经济持续增长，家庭尤其是女性收入增加，生育的机会成本也增加，同时受边际效用递减规律支配，家庭尤其是女性会主动减少生育数量，转而提高生育质量。抑或经济周期性波动，或外溢性风险造成的衰退，生育成本增加，失业率下降。这两种生育率下降是自然发生的。

但如果是干预下造成的经济危机伴随的生育率下滑，可能导致危险的“生育陷阱”：生育率和生育质量同时下降。这种家庭可能走向一条衰败没落之路：家庭人口减少，劳动人口比例下降，老龄化加剧；人口素质难提升，家庭养育负担沉重，未富先老；离婚率增加，家庭破裂甚至消失。

考虑到长周期的投资风险，这种家庭会降低戴蒙德模型中对未来的投资，尤其是对孩子教育的投资，从而降低了家庭经济效率，陷入“贫困陷阱”。而走出贫困陷阱的唯一方式是投资未来。即便是中产家庭，他们在这种环境下对孩子教育的大量投入，也是“贫困式”的——实用而缺乏创新。

最后是家庭决策机制。

糟糕的低效的家庭决策机制，是现代家庭效率低下的重要原因。

现代家庭采用古代的家长制决策更有效率，还是公共选择理论中的公共决策更有效率？

理论上，家庭应该采取公共决策的方式更有效率，越民主越有效率，越接近“全体一致原则”越有效率。

但是，这是有争议的。亚当·斯密在《道德情操论》中指出，同情心随着人际关系的疏离而衰减。在公共决策中，参与者众多，且多为陌生人。所以，公共选择以自利为假设是合理的，其决策也是有效的。如果家庭规模足够大，以自利为原则的公共决策也是有效的。但是，现代家庭规模小，有的只有夫妻二人，利益捆绑，情感融洽，决策权交给更优秀的更有责任感的个人，未必比民主决策效率更低。

家庭经济学的假设要比自由市场、公共选择更为复杂，这也导致家庭决策机制颇为糟糕。所谓“家家有本难念的经”，小小的家庭决策往往比企业更难，吵得比国会还凶，决策机制低效率的家庭，在社会中会面临更大的压力。

人们一直在关注市场效率、企业效率与政府效率，是时候关注家庭的效率了。

家，在与企业、自由市场的残酷竞争中，在低效制度、生育陷阱及难以高效的家庭决策机制中，挣扎、沉沦、消失，身处其中的我们却浑然不知。

参考文献

[1] 詹姆斯 · M. 布坎南. 宪则经济学：人类集体行动机制探索[M]. 韩朝华，译. 北京：中国社会科学出版社，2017.

[2] 詹姆斯 · M. 布坎南，戈登 · 塔洛克. 同意的计算：立宪民主的逻辑基础[M]. 北京：中国社会科学出版社，2000.

[3] 费孝通.乡土中国[M]. 上海：上海人民出版社，2006.

[4] 亚当 · 斯密. 道德情操论[M]. 蒋自强，等译. 北京：商务印书馆，1997.

大家治学

治学,“博学之，审问之，慎思之，明辨之，笃行之”。

观大家治学，如晨钟暮鼓、拂尘之音，往往雄浑悠远、激荡人心。

相对其他学科的学者，经济学家们往往更有趣、入世。他们关注一个面包、一棵橘树的价格变动，也痴迷于丝丝入扣、一丝不苟的逻辑推演。

走近经济学家，触碰乐观、理性的人生之光。

萨缪尔森和他的《经济学》

“我不在乎谁为一个国家制定法律，谁为它起草条约——只要由我来写经济学教科书就行。”

这是保罗·萨缪尔森说过的一句骄傲的名言。萨缪尔森被誉为经济学最后一位“通才”，过去半个多世纪，他的《经济学》教科书几乎渗透到全球主要国家的大学课堂。

但是，有人批评，他将经济学引入了“窄门”，他的教科书将一代又一代的学生带入了一种错误而痛苦的经济学范式。

问题是，萨缪尔森的影响力已无处不在，各国大学课堂、白宫罗斯福厅、美联储议息会议上都活跃着萨缪尔森的思想。萨缪尔森，犹如一座高峰矗立在经济学史上和各国宏观经济权力舞台上。

我们该如何理解萨缪尔森？

萨缪尔森自称是一个折中主义者，但我们却看到折中背后的明显矛盾。萨缪尔森对凯恩斯主义的诠释是他获得经济成就的重要原因，但是不同时代对凯恩斯的评价也限制了对萨缪尔森的评价。美国经济学家马丁·布朗芬布伦纳曾经这样评价萨缪尔森的才华：我们只能回到以前的时代，回到凯恩斯和熊彼特的时代去寻找，像萨缪尔森这样的经济学全才。

本节以萨缪尔森的学术生涯为主线，分析战后凯恩斯主义的发展脉络以及对今日之影响。

01
芝加哥与哈佛

一战与大萧条，这些是保罗·萨缪尔森、弗里德曼这代人成长的时代背景。1915年，萨缪尔森出生在美国印第安纳州一个名为加里的小镇。保罗的父母是东欧犹太人，年轻时便来到美国求学。保罗出生时，父母在加里镇经营着一份还不错的小药房生意。

萨缪尔森8岁的时候，随家人搬到了芝加哥，他在这里度过了中学与大学生涯。在海德公园中学，13岁的萨缪尔森勤勉好学，从他的成绩单与课外活动来看，这一时期萨缪尔森对文学和人文科学颇为感兴趣，他常常去加里镇当地的图书馆翻阅经典文学读物。他的父亲有一本《国富论》，但是他从来没有碰过。

中学毕业后，年仅16岁的萨缪尔森考入了本地一所小有名气的院校——芝加哥大学。在这里，他接受了古典经济学的熏陶。萨缪尔森这样描述自己在经济学系上的第一堂课：

“在寒冷的1932年1月2日早晨8点，我就像进入了天堂，一个属于我的天堂。我迈进芝加哥大学的一间教室，从此迎来了另一种人生。”

这堂课系社会学教授路易斯·沃思讲授的马尔萨斯人口增长理论，是社会科学入门课中“工业革命与社会变革”系列的第一讲。

20世纪30年代，社会科学是芝加哥大学的一个中心学科。本科头两年，萨缪尔森学习的课程主要是社会科学、物理学、生物学以及人文科学，对经济学的学习则基于社会科学的大框架。一定程度上，这些社会科学的教育训练了萨缪尔森如何进行科学研究。

关于经济学课程，大学期间，萨缪尔森只专修了“经济秩序”“货币银行学”“经济理论”，使用的教材也较为传统，譬如《现代经济社会》《经济学纲要》《经济学概要》。这给萨缪尔森打下了古典经济学的基础，但是并没有火光迸发。大二时，萨缪尔森一度考虑要成为一名社会科学家。

这一时期的芝加哥大学算不上明星璀璨，但是正孕育出一批世界级的经济学大师。与萨缪尔森同期的学生里，还有乔治·斯蒂格勒与米尔顿·弗里德曼。有趣的是，这两人后来成了萨缪尔森在学术派别上针锋相对的对手。弗里德曼比萨缪尔森晚到芝加哥大学，斯蒂格勒是萨缪尔森的同窗。在芝加哥大学经济系，保罗·道格拉斯、雅各布·瓦伊纳、弗兰克·奈特都教授过萨缪尔森。尤其是奈特，他是20世纪最有影响力的经济学家之一，他在他的博士论文《风险、不确定性与利润》中提出了著名的“企业的利润来自不确定性”学说。萨缪尔森多次提及大学时自己将奈特视为“偶像崇拜”，同时也被奈特的自由主义所吸引。

这时芝加哥大学的货币学派在理论上尚未兴起，不过在教授中显露雏形。例如芝加哥大学的几位经济学家联合签署了一本小册子，提倡全额准备金制度以保证货币稳定。这一时期，萨缪尔森也认同这一倡议，认为假设货币供应无变化，美元的价值也不会有变化。再如迪雷克托当时也给萨缪尔森留下印象：大萧条是由关税造成的。

当然，晚年的萨缪尔森已经完成了自我革命。他摒弃了在芝加哥大学中接受的一些观点，在回忆录中写道：“就读芝加哥大学时候，奈特与迪雷克托就把‘演绎总比归纳重要’这个错误观念灌输给自己。”①

大四，在瓦伊纳的经济理论研究生课程中，萨缪尔森接触到了更精深的经济学。瓦伊纳以严格筛选著称，研究生听课时

---

① 保罗·A. 萨缪尔森. 萨缪尔森自述[M]. 吕吉尔，译. 上海：格致出版社，2020.

战战兢兢，旁听生萨缪尔森浑然天成融入其中，甚至偶尔能够指出老师的小错误。本科阶段，萨缪尔森就小有名气了。

1935年，萨缪尔森获得芝加哥大学学士学位。得益于芝加哥大学科学研究委员会开始推行的一项教育实验，萨缪尔森入选项目筛查的全美八名经济学优秀本科生之一，从而免去了研究生费用。不过这项实验的条件是不能在本科的学校继续读研，萨缪尔森选择去哈佛。这出于他关于哈佛的一个纯真想法，“马萨诸塞的剑桥，是个宁静的绿色村庄，正是读书求知的好地方”。[①]

当时哈佛新校长上任，聘请了一批高知名度教授，希望推动哈佛向一所精英大学转变。一批来自欧洲的学者加入了哈佛经济学系，包括约瑟夫·熊彼特、瓦西里·列昂惕夫。

秋天，哈佛开始新学期。萨缪尔森第一年的经济理论课程由熊彼特担任讲师，这门课程对于学生的要求很高，阅读材料涉及马歇尔、维克塞尔、庇古、庞巴维克、奈特和威克斯蒂德等。教授萨缪尔森期间，熊彼特正在撰写他的商业周期。不过，当熊彼特的这本书正式出版之时，凯恩斯的《就业、利息和货币通论》（以下简称《通论》）已经震撼了整个经济学界，即便是熊彼特的学生，也更为关注凯恩斯的理论。

离开哈佛后，熊彼特与萨缪尔森依然保持着联系。熊彼特

① 迈克尔·森伯格，阿隆·戈特斯曼，拉尔·拉姆拉坦.萨缪尔森小传[M].刘庆林，徐荣丽，译.北京：人民邮电出版社，2012：22.

评价萨缪尔森是“我们时代最有才华的经济学家之一”，而萨缪尔森也十分认可熊彼特的成就，评价“伊丽莎白时代的黄金时代和熊彼特的晚年很契合”。①

埃德温·威尔逊是物理学家威拉德吉布斯在耶鲁的关门弟子，是数学家，也是数理经济学家，在他开设的数理经济学研习班上，柏格森、亚历山大、萨缪尔森和熊彼特是仅有的四个学生。前三位都仅有20岁，而熊彼特当时已经52岁了。威尔逊让萨缪尔森接受数理经济学的专业训练，引导他走上了专业的数理思维训练之路。萨缪尔森写道，每节课结束后，他都能和威尔逊谈上一个小时。

业余时间，萨缪尔森也花了大量时间研究微分方程、数值分析、应用理性力学和经典热力学方面的数学问题。萨缪尔森意识到，数学模型能够简洁明了地说明问题，而且这是现代经济理论的重要特征。

哈佛求学期间，萨缪尔森认识了他的发妻玛丽昂·克劳福德。两人同在经济学院读书，玛丽昂后来也研读了硕士，成为熊彼特的助理。在萨缪尔森后期的研究中，玛丽昂也参与其中，给予了许多帮助。

---

① 罗杰·巴克豪斯. 萨缪尔森传[M]. 姜井勇，柯珊珊，译. 北京：中信出版集团，2020：73.

02
凯恩斯与汉森

1933年，经济大萧条，罗斯福上任后实行了一系列复兴政策，但哈佛资深一辈的经济学家普遍持有悲观态度。凯恩斯的《通论》出版不久后，《经济学季刊》就刊出了哈佛教授如列昂惕夫、熊彼特的批评文章。熊彼特认为这本书根本没有提供一般性的理论，根本不科学，经济学系里的大多数教授对此也不太认可。

但是，这种新思潮的火苗正在迅速燃起，一些哈佛年轻教员为凯恩斯所倾倒。他们在哈佛创立了凯恩斯研讨会，而萨缪尔森在这个研讨会上读到了《通论》的副本。当时他的老师列昂惕夫对于《通论》持贬低态度，萨缪尔森最初也有些抗拒。

不过，阿尔文·汉森的出现彻底改变了萨缪尔森的学术思想。1937年，汉森从明尼苏达大学来到哈佛大学，他很支持凯恩斯，这在当时五六十岁以上的经济学家中是少见的。事实上，后来汉森也成为凯恩斯在美国政界学界最重要的拥趸。

在汉森主持的财政政策研讨会上，两人渐渐结识和熟悉。这个研讨会是哈佛大学凯恩斯思想发展的主要阵地，话题覆盖了公共服务部门的政策问题。包括时任美联储主席马里纳·埃克尔斯和萨缪尔森的老师瓦伊纳都来担任过演讲者。

汉森和萨缪尔森有着许多共同点：都是新移民、都有人文学科教育基础、都是普通家庭出身。但是让两人一拍即合的是对凯恩斯的理解——提供了一条中间路线：两相融合，既包含对凯恩斯的批评，又吸收了凯恩斯新理论中有价值的观点。

当然，汉森并不是凯恩斯的美国传话筒。实际上，汉森没有使用凯恩斯的微观逻辑，借用的是英国经济学家希克斯的分析框架。希克斯是凯恩斯主义微观化解释的重要人物，他在1937年《计量经济学》上发表的《凯恩斯先生和"古典学派"：一种解释》，解释和修正凯恩斯主义，说明货币对收入的影响。1949年，汉森在《货币理论和财政政策》一书中，把财政政策引入希克斯的模型中，形成了IS-LM模型，即"希克斯-汉森模型"。这一模型成为凯恩斯主义的基础分析框架。

萨缪尔森在宏观经济学方面的众多成果都从此模型拓展而来。

早在1939年，萨缪尔森在老师汉森的研究上发展了乘数—加速原理。他用一个下午的时间写完了这篇《乘数分析与加速原理之间的相互作用》，引发学界关注。萨缪尔森在自述中也提到，这篇论文仅仅是在纠正自己导师著述中微不足道的数学错误而已，主旨与汉森的模型完全相同，只是更一般化。不过，他学习凯恩斯理论的方式，"不是接受凯恩斯提出的更一般化的理论而是将凯恩斯的思想融入他从熊彼特、哈伯勒，尤其是汉森那里学到的现有商业周期理论中"。后来，萨缪尔森将乘数—加速原理引入IS-LM模型中，用投资与总收入之间的倍数效应来解释商业周期、市场失灵；进而解释政府干预，如财政政策可以修正商业周期，促进经济稳定增长。仅从解释框架来说，萨缪尔森的“凯恩斯主义”与凯恩斯的“凯恩斯主义”其实是两回事。

1940年夏，萨缪尔森开始准备自己的博士论文《经济学分析基础：经济理论可操作的意义》。这篇论文写得很快，到秋天结束，萨缪尔森向玛丽昂口述内容，玛丽昂代他写完了初稿。这正是《经济学分析基础》的雏形。他希望引入一种可操作的经济理论研究方法，而数学是实现这种可能性的重要工具。

很快到了毕业期，威尔逊在帮萨缪尔森考量去处时有些犯难，萨缪尔森在数理经济学领域成果斐然，但这仅是经济学的一个特定领域，现有的教职很少。出于战时原因，麻省理工学院的教职空缺，向萨缪尔森发来了邀请函。当时，哈佛大学已向萨缪尔森提供了一份年薪2500美元、为期一年“经济系讲师”的工作。经济系执行委员会召开会议，有人建议向萨缪尔森提供5年的任期，熊彼特甚至威胁如果不向萨缪尔森发起聘请，他就辞职。不过，最终委员会并没有发起新的聘请。此事在当时还引起了小范围的讨论，多数人认为萨缪尔森的离开与哈佛的反犹氛围有关。

威尔逊也与萨缪尔森就此事沟通过两次，帮萨缪尔森分析他在两个学校的前景。当时的哈佛经济系收录了多名经济学权威，在学术研究上远远超越麻省理工，后者只是一所工程系院校，甚至没有经济学研究生课程。不过，威尔逊仍然鼓励萨缪尔森去麻省理工，这样或许可以将研究推到新的方向。最终，萨缪尔森接受了麻省理工年薪3000美元“助理教授”的聘用，从此便留在了麻省理工。

同时期，在老师汉森的指引下，萨缪尔森开始接触履职于政府的经济学家们。二战后，汉森的合作伙伴劳克林·柯里为政府招聘了大量的经济学家，汉森此时也为政府做了大量的政策报告，譬如战时特定行业的税收、通货膨胀和战后的充分就业，萨缪尔森参与其中。1941年，萨缪尔森加入国家资源规划委员会，他提议的项目是充分产能上的消费者需求，需要调查在充分就业情况下人们的购买行为。

当时，罗斯福新政也引起了许多抗议。国家资源规划委员会出版了汉森的《战后充分就业》的小册子，提出了“公共债务不是可怕的东西，而是政府的政策工具”，走上了风口浪尖。保守派往往支持政府财政预算的平衡，认为这会鼓励政府增加借债，导致经济崩溃。一位共和党参议员批评这种财政支出政策有倒向“计划经济”的嫌疑。1943年，这种批评达到了顶点。6月，总统决定解散国家资源规划委员会。

在华盛顿，萨缪尔森接触到更多专家、官员，对于政府和现实的参与越来越主动。他主动向新闻杂志致信，批判华盛顿专家的观点分歧，反驳“正在形成的无端的乐观主义气氛”，试图警告人们在战后可能出现的失业乃至危机问题；他也参与了美联储利率工具的论战，在学术杂志上发文提出应该大幅降低利率。这一时期，萨缪尔森“通才”的特长渐渐成型，既能够专注数理经济学研究，又参与政策分析，同时为政府机构撰写统计和分析报告。

在萨缪尔森对学生劳伦斯·克莱因的论文指导中，对凯恩斯经济学的脉络进行了系统化的分析，最终定义为“凯恩斯革命”。1946年，凯恩斯去世。萨缪尔森受邀撰写一篇悼文，他的评价也反映了他对凯恩斯理论的发展趋于成熟：“《通论》充斥着混乱和困惑，组织结构一团糟；但它的确是一部天才之作，分析既明显又新颖，它的贡献在于为分析有效需求水平及波动提供了一个相对现实的完整体系。”凯恩斯去世后，萨缪尔森和他的老师、学生们正在开创一个全新的学派。

03

新古典与困境

战争结束时，萨缪尔森收到了经济学院主任拉尔夫·弗里曼的一份邀约。经济学是麻省理工学院大三学生的必修课。弗里曼发现，传统的经济学课程让学生们乏味又茫然。他询问萨缪尔森是否可以用半个学期写一本经济学教材，“忽视你的喜好，尽可能全面和简短。如果他们喜欢，就证明这是一本优秀的经济学教科书”。[①]

萨缪尔森希望经济学教材能够给予不同党派、不同道德立场的人一种尽量简化、抽象化的科学的经济分析思维。他配合详细的个案、简明的数学图解让讨论尽可能具体。当然，与过去教材最大的不同之处是，萨缪尔森划分了全新的经济学结构，并且将凯恩斯主义视为宏观部分，将传统经济学视为微观部分。这成了经济学的一种范式，一种令一些经济学家感到苦恼的范式。

这本教材在出版时遇到了一些阻碍，视察委员会中的少数人甚至认为萨缪尔森有社会主义倾向。最终，校长卡尔·康普顿出面担保，这本教材才得以顺利出版。

三年后，《经济学》教材问世，第一版就卖出了12万本。这本畅销书至今仍发挥着巨大影响力，余音袅袅。如今已经出版到19版，被翻译成40余种语言。

他的同事罗伯特·索洛认为：“保罗的教科书是第一本真正意义上的战后教科书，因为它代表了战后经济学的真实状

---

① 迈克尔·森伯格，阿隆·戈特斯曼，拉尔·拉姆拉坦.萨缪尔森小传[M].刘庆林，徐荣丽，译.北京：人民邮电出版社，2012：123.

况。”[①]同时，随着教材被多国引入，尤其是在一些面临经济转轨的国家，萨缪尔森的经济学思想影响了众多经济学者。某种程度上，萨缪尔森重新定义了人们如何认识经济学及世界的方式。

萨缪尔森的《经济学》对20世纪八九十年代的中国青年来说，是其第一次经济学洗礼。这本著作将西方经济学系统带进中国，成为90年代大学校园经济学启蒙教科书，更是知识圈里的畅销书，有人评价它给人以“开天辟地的启蒙之感”。

《经济学》成为萨缪尔森新古典综合派的重要堡垒。萨缪尔森在凯恩斯理论基础上与新古典主义结合，最终衍化出新古典综合派。新古典综合派提出了现代国家的“混合经济”之说，即经济分为国家管理的公共经济部门和市场主导的私有经济部门。新古典综合派，某种程度上是萨缪尔森自称“折中主义”的一种表现。不过，从这一时期到晚年，萨缪尔森在公众心目中已经完全站到了凯恩斯主义一边，他被认为是凯恩斯主义的集大成者。

1946年，芝加哥大学向萨缪尔森抛来橄榄枝，希望他前来就职。萨缪尔森犹豫很久，但最终回绝了。其后，萨缪尔森都在麻省理工平静度过。在这里，他桃李芬芳，将麻省理工塑造成了美国经济学大本营，教出了一群未来影响美国学界政界的

① 迈克尔 · 森伯格，阿隆 · 戈特斯曼，拉尔 · 拉姆拉坦.萨缪尔森小传[M].刘庆林，徐荣丽，译.北京：人民邮电出版社，2012：133.

经济学家。他的三个研究生助手劳伦斯·克莱因、罗伯特·默顿、约瑟夫·斯蒂格利茨陆续都获得过诺贝尔经济学奖。20世纪五六十年代，萨缪尔森在美国经济学界享受着颇为崇高的地位。

1959年起，萨缪尔森开始担任肯尼迪总统的调查咨询顾问和美国国家计划局经济顾问，不过为期很短暂。他向肯尼迪讲述经济学课程，并提出减税的建议。人们认为，减税方案推动了肯尼迪–约翰逊在任期间的经济繁荣，从此以后也开启了凯恩斯主义者担任政府幕僚、进入白宫咨询顾问委员会的传统。战后美国经济持续稳定繁荣，美国经济学界将这一功绩送给了萨缪尔森以及他的新古典综合派。

1970年，萨缪尔森被授予诺贝尔经济学奖，成为第一个获得该奖的美国人。然而，这是萨缪尔森学术生涯最后的高光时刻。彼时，美国经济正在遭遇麻烦，通胀率高企，经济衰退，失业率上升。过去萨缪尔森主张的政府干预促进经济增长的逻辑解释不通，他的菲利普斯曲线也失灵了。

菲利普斯曲线最早于1958年由经济学家菲利普斯在一篇论文中提出，他通过对100年英国工资变化的分析，得出失业率与工资增长呈负相关的结论。1960年，经萨缪尔森和索洛论证后，变换为失业率与通货膨胀率呈负相关关系。而当下，任凭政府如何调节经济，与高通胀率如影随形的仍然是高失业率。

20世纪70年代滞胀危机爆发后，萨缪尔森在宏观经济学上的成就也遭遇严峻的挑战。弗里德曼、卢卡斯、萨金特、拉弗等经济学家批判凯恩斯式干预政策引发了滞胀危机，批判菲利普斯曲线以及萨缪尔森宏观经济学分析存在微观缺陷——脱离逻辑演绎的数量统计与经验论证。同时，他们在货币、税收等政策上提供了更好的解决方案。1982年冬天，随着里根改革获得成功，美国经济开始复苏，新自由主义崛起，萨缪尔森的新古典综合派日渐式微。

据美联储前主席伯南克回忆，他在麻省理工读研究生的时候，凯恩斯主义的名声已经开始陨落了，至少在学术界是这样[①]。这时，一批年轻的经济学家，斯坦利·费希尔、斯蒂格利茨等接过了萨缪尔森的接力棒，提出新凯恩斯主义。他们跳出了希克斯-汉森-萨缪尔森的分析框架，回到凯恩斯当年的工资黏性与价格的微观角度重新解释市场失灵。他们认为价格反应迟钝甚至短期失灵，阻碍了经济复苏，引发了商业周期。斯蒂格利茨还创建了信息不对称理论来解释价格失灵、逆向选择等问题；阿克洛夫、席勒则从非理性假设的角度解释非理性繁荣与萧条。萨缪尔森之后，新凯恩斯主义的解释框架成为主流，给干预政策提供了新的理论支撑。伯南克正是接受了这套新的解释框架。

① 本·伯南克. 行动的勇气：金融危机及其余波回忆录[M]. 蒋宗强，译. 北京：中信出版集团，2016.

如何评价萨缪尔森?

对萨缪尔森的评价总是受限于对凯恩斯的评价。而作为一个学者，萨缪尔森对学术的追求令人敬佩，这位“通才”的研究几乎涉及经济学的方方面面。费希尔曾这样评价萨缪尔森：“萨缪尔森对经济理论的几乎所有方面都做了根本性的贡献。”其中，包括容易被人忽视的微观理论的原创性贡献。

2004年，晚年的萨缪尔森在一篇文章中提到了一个预言：在中国与美国的贸易深化中，随着中国产业升级换代，当中国的技术要素不断进化，美国相对的技术优势消失时，两国的贸易往来会发生摩擦。这篇文章后来引起了大讨论，人们将它称为“萨缪尔森陷阱”。

这一理论很容易被看作贸易保护主义，但其实不是。萨缪尔森采用的是他在1948年发表的《国际贸易与要素价格均等化》一文中创建的微观理论——要素价格均等化。

萨缪尔森曾经说过：“很久之前，我给自己设置了这样一个宏伟的目标——让自己的原创能力得到别人承认。若要对科学更有用，就要清楚其他科学家在做什么，并以自己的量子跃迁来推动科学的疆域。”①

作为一个折中主义者，他在微观经济学上的成就容易被人遗忘，却在历史的长河中展现出持久的生命力；他在宏观经济

① 迈克尔·森伯格，阿隆·戈特斯曼，拉尔·拉姆拉坦.萨缪尔森小传[M].刘庆林，徐荣丽，译.北京：人民邮电出版社，2012：13.

学上的努力总是充满着争议，其评价伴随着经济的沉浮而有所不同。

萨缪尔森对当今世界的影响远远超出了学术范畴。凯恩斯永远掌握着一个法宝，那就是经济危机，只要来一场危机，恐惧的人们犹如拥抱强人一样欢迎凯恩斯的回归。而萨缪尔森还有两个法宝，那就是那本经济学教科书以及麻省理工学派。

萨缪尔森没有畏惧世界各国财政与货币当局领导的权力，他的教科书以及麻省理工学派，源源不断地提供人才和候选人，向全球各国央行输送行长。如今，全球90%的央行行长均为新凯恩斯主义者。费希尔从麻省理工出来后就先后担任了以色列行长、世界银行首席经济学家及美联储副主席。他被称为“央行之父”，是美联储前主席伯南克的博士论文导师。

萨缪尔森毕生的学术成就以及其在学界政界难以撼动的遗产，给当下经济学以及各国宏观经济政策设置了一座不易攀越的残酷的高峰，并留下了一片巨大的阴影。经济学家无法回避它、移除它，唯有攀越它，才能瞥见世界经济在学术上的远方。

经济思想

思潮络绎不绝，观点川流不息。在以思想为商品的无形“集市”中，“消费”更便捷，也更复杂。那些似是而非的“真理”、算法助长的信息茧房，似野草般疯长。

思想拂尘，文明进化，本就是一个个自我与人性低点的一场漫长竞赛。但我们不得不思考：思想市场交易的干预边界在哪里？如何确保制度有效、监督不缺席？

正如约翰·弥尔顿所言：“让她（真理）与谬误交锋吧，谁看见在自由而公开的交战中，真理会败下阵来？”

数据特权、数据产权与数据主权

2021年7月6日，深圳通过了国内数据领域首部基础性、综合性法律——《深圳经济特区数据条例》。该法坚持保护个人信息，打击大数据杀熟、过度采集个人信息、强制个性化广告推送，以及App“不全面授权就不让用”的不法行为。

本节分别探讨数据特权、数据产权与数据主权。

01 数据特权

2011年，大数据科学家维克托·迈尔·舍恩伯格在其著作《大数据时代》中提出“让数据主宰一切的隐忧”。他明确地说：“危险不再是隐私的泄露，而是被预知的可能性。”

此书虽语出惊人，但如今的世界正在实现舍恩伯格的预言，只是主宰一切的并非是数据，而是数据的掌控者。

数据是一种资源，也是一种权力。谁掌握了全民数据，谁便掌握了这项“预知”特权，从而支配思想，攫取财富。

对思想的支配，可以用一个词概括——“信息茧房”。2006年哈佛大学教授凯斯·桑斯坦在他的《信息乌托邦》中提出了信息茧房的概念。桑斯坦指出，在信息传播中，公众所接触的信息是有限的，会选择自己最感兴趣的信息，久而久之，会将自身桎梏于像蚕茧一般的“茧房”中。

在古代，原始村落是一个个信息孤岛，是一个个天然的信息茧房。而信息茧房的缔造者，并不是高山、河流、密林和野兽，而是国王。国王实施集权政治统治并建立了一套完整的国家机器来控制人的思想与言行。

进入近代社会，报纸、电报、电视相继问世，信息权落到少数人手上。世纪之交，互联网打破信息孤岛，自媒体“逆袭”生长。人们认为自己置身于信息的海洋中掌控了信息主宰权，哪知道自己早已身处信息茧房之内。互联网商业机构借助算法悄无声息地“夺权”，给每一个人都量身定制了一个信息茧房。

美国反科技“狂人”希尔多·卡辛斯基曾在《论工业社会及其未来》一文发出警告：“工业化时代的人类，如果不是直接被高智能化的机器控制，就是被机器背后的少数精英所控制。”

在大数据时代，你以为自己拥抱了知识的海洋，其实是技术精英给你量身定制的深井，而我们每天都在“回音壁”中反复地收听那悦耳的音符。在信息茧房中，偏见盛行，因为信息茧房促使逻辑形式化，思维简单化，认知标签化，理论特殊化，人愈加封闭、自我。再看攫取财富。个人在互联网平台上形成的数据，经过算法分析后，具有预测性功能。隐秘在用户内心深处的欲望、需求、情绪、情感都可能被算法洞悉，平台可借此预测个人需求，推送不同信息，引导特别消费，实施价格歧视。

有人说，算法营销没什么不好，它比我自己还了解自己，满足我个性化需求。但是，当你发现被“大数据杀熟”后，自然就会反对这种算法营销。

问题出在哪里？问题就出在平台掌握并滥用了用户的个人数据。

所谓大数据杀熟，是一种最高级别的价格歧视，即同一商品针对不同的买家采用不同的价格。在交易中，掌握充分信息的一方对信息贫乏一方构成议价优势。双方在博弈时一般会想方设法隐藏一些关键信息，同时试图获取对方的信息。通常双方获取的信息不会差距太大，企业做不到大数据杀熟。但是，在互联网上，平台掌握了充分的信息，有条件对用户实施大数据杀熟。

有什么危害？

平台无偿地控制用户信息，实施大数据杀熟，能够剥夺消费者剩余，最大限度地攫取社会财富。

这里，我需要引入一个经济学概念，即英国经济学家马歇尔在1890年《经济学原理》中提出来的消费者剩余。所谓消费者剩余，是指消费者在购买一定数量的某种商品时愿意支付的最高总价格和实际支付的总价格之间的差额。什么意思？

之所以会发生交易，不是因为等价交换，而是溢价交换。张三用一个苹果与李四交换一根香蕉。张三吃腻了苹果，此时他认为香蕉更好吃。对张三来说，一根香蕉带来的边际效用（边际价值）要大于一个苹果。对李四来说，则恰恰相反。如此，二人交换，均获得溢价，皆大欢喜。这就是自由交易增进效用、增加财富的逻辑。

这个溢价就是消费者剩余。比如，这部手机标价3000元，你愿意支付的最高价格是3500元，那么多出来的500元就是消费者剩余。注意，消费者剩余不是心理财富，而是真实的财富。交易带来财富增加，这增加的财富正是消费者剩余。

平台掌握了每一个用户的数据，对每一个用户都索取了其愿意支付的最高或较高的价格，从而赚取了所有用户的全部消费者剩余或大部分消费者剩余。比如，平台通过你的购买记录识别出你是一位高净值用户，然后针对你的偏好调高商品价格。又如，当你急于购买机票出行时，平台识别到你急切的需求，然后针对你整体调高就近班次的机票价格，你只能无奈接受（换平台可否？下面讨论）。

这里有一份研究数据。美国布兰迪斯大学经济学系助理教授Benjamin Shiller，基于Netflix的研究发现，采用传统人口统计资料的个性化定价方法，可以使Netflix增加0.3%的利润，但根据用户网络浏览历史，运用机器学习技术，来估算用户愿意支付的最高价格，可以使Netflix的利润增加14.55%。

可见，互联网平台可以通过掌控用户数据而最大限度地收割消费者剩余，最大化地攫取用户财富。

02
数据产权

到这里，要消除两个误区：

一是问题在于平台占有和滥用用户数据，而不是信息推送、算法营销和定价策略。

每个企业及个人都可以想方设法获取各类信息，实施不同的定价策略和博弈策略。在一个自由公平的竞争环境下，不会出现信息垄断和大数据杀熟。获取信息和价格竞争是企业争胜的手段，也是经济增长的动力所在。每个人都在想方设法地收集更多更有效的信息，公司会将大量的市场信息整合成有效的数据统计，股票交易员每天搜集大量的价格信息及行业信息。

但是，所收集的信息必须是公共信息，而非私人信息。比如，你可以在大街上统计多少人穿耐克鞋，但是不能侵入私人家庭窥探。你可以在股票市场上统计量价信息，但不能侵入私人账户窃取信息。你可以统计多少男人或女人进店，但是不能跟踪偷拍某个客户或每一个客户的购买行为。个人数据有其明确的产权归属，互联网平台占有并滥用个人数据——建立在数据之上的一切竞争策略都缺乏正当性。

二是靠竞争和技术无法解决所有问题，需要借助法律（制度）的正当性。

有人提出，消费者可以用脚投票来躲避大数据杀熟。实际上，用户走到哪个平台，哪个平台都具备大数据杀熟的条件，因为用户数据均被平台掌握。当大数据杀熟被人人喊打后，会不会有平台放弃用户数据，拒绝大数据杀熟？定然会有，有些平台会利用区块链技术，实现数据私有化。但是，技术是中性的，平台也可以利用区块链技术追踪个人数据，实施更加隐秘的算法控制。

自由竞争与技术应用，不能离开公正的制度约束。公正的制度根本上不是来自大多数原则，而是人的行为正当性。互联网平台的关键问题，不是市场支配地位和巨额补贴，也不是资本泛滥和无序扩张，而是垄断和滥用个人数据这一不当行为。

可是，在信息时代，数据产权归属是一个尚未解决的关键问题。法学家可以借助经济学的产权理论来界定数据产权归属的正当性。

那么，数据产权到底归谁？

有人使用科斯定律来解答，即在交易费用为零或足够低的情况下，不管资源最初的主人是谁，资源都同样会流到价值最高的用途上去。通俗点说就是："谁用得好就归谁。"其实，用科斯定律解释产权问题，是对科斯定律最大的误解。罗纳德·哈里·科斯所表达的是帕累托最优状态，并不是说初始产权的界定不重要。而法与经济学家里查德·波斯纳在《法律的经济学分析》中，则吸收了功利主义思想来界定初始产权。

这里，我引入更加纯粹的奥地利学派学者穆瑞·罗斯巴德的产权理论。罗斯巴德的一些言论虽然比较极端，但其从自然法的角度重塑产权的逻辑，更加通透，且更具正当性。罗斯巴德从人权角度出发讨论财产权，他说："财产只能发生在人的身上，职是之故，他们的财产权利就是属于人的权利。"

我们个人的生命及身体所衍生、产生的"财产"，如言论、设计稿件以及劳动成果，很自然也属于我们个人所有。

由此我们推演到数据产权上，言论是一种信息，也是一种数据。这种数据的产权，从人权中衍生出来，因而归属个人。同时，我们个人生命与身体信息如脸部数据，以及由生命与身体衍生出的数据，如足迹、手印、个人身份等，均归属个人。

个人的指纹、脸部信息，以及“足迹”数据，不能被平台及任何人随意收集和滥用。这里主要讲“足迹”，我们逛超市走到哪里、拿了什么物品，都会留下“足迹”；同理，我们在互联网平台上购物、打车、搜索，也会留下“足迹”。这些“足迹”归属个人所有，超市和互联网平台不能偷拍、偷录和收集。要注意，互联网平台大量搜集的个人数据便是该类非结构性数据。

在交易中，为了降低交易费用，增加安全性和信任感，我们会“让渡”出一部分个人信息，如住酒店登记身份证，乘机脸部识别安检。对方虽然收集了个人数据，但这些数据的产权依然归属个人。而且，所提供的个人信息仅限本次交易使用，未经当事人允许不得另作他用。比如我们签署合同时所附的个人身份证复印件都会注明“仅限于本合约”或“复印无效”。又如，超市和互联网平台出于公共安全的考虑实施必要的广义的监控，超市的摄像头监控盗窃和火情，互联网平台算法监控毒品、色情和枪支交易。这也是用户“让渡”了部分个人信息以换取更加安全的交易环境。

接下来是交易产生的数据。交易产生的数据，比如交易价格、交易数量、付款周期及合约信息，不一定是个人单独创造的，而可能是交易双方或多方共同创造的。比如在互联网平台打车，这笔交易会产生价格、时间、线路等数据，这些数据由打车者、接单司机和互联网平台协作产生。那么，交易产生的数据归谁所有?

按照上文罗斯巴德的逻辑，交易产生的数据归属交易双方或参与多方共同所有。这类数据的处理比较灵活，通常由双方或多方约定。比如一家公司获得一笔巨额投资，交易双方可能选择公开具体交易信息，试图引起市场的关注。通常，为了降低交易成本，很多人愿意公开价格，但不公开交易个人信息。比如，在股票交易市场，我们可以看到每一笔交易的价格，但是无法知晓交易对象及更多个人信息。

关键问题来了，互联网平台共享交易数据的产权，是否可以随意使用该交易数据?

交易数据产生于当下交易，也仅限于用于当下交易与一般性统计——经营和财务数据统计。所谓一般性统计，是指互联网平台可以统计交易数据做销售预测，如本月商品销量上升，需要备多少货。但是，没有个人授权或多方协商一致同意，互联网平台不能将某次交易数据另作他用，如算法营销。

有个真实案例，美国一男子闯入一家 Target 店铺，对着经理大吼：“你们竟然给我 17 岁的女儿发婴儿尿片和童车的优惠券，她才 17 岁啊！”一头雾水的店铺经理连忙向对方道歉。可一个月后，该男子发现女儿的确怀孕了。事实上，是

Target采用了一套数据挖掘系统来实施算法营销。他女儿曾在Target店铺购买了与怀孕相关的产品，Target使用了这次交易的数据为其建立了一个孕期算法推销以及未来几年的婴幼儿算法推销。

这个案例的问题在哪儿？主要是孕妇的一次交易数据，在没有其授权的情况下被商家另作他用。如果个人数据被禁止获取，以及交易数据被限制使用，那么互联网平台像线下商家一样很难实现数据侵占和实施大数据杀熟。

从自然法的角度去界定数据产权，逻辑会更加清晰。如今的互联网技术完全可以实现数据产权私有化，个人数据可以储存在用户个人手机、汽车或云端。只要不收集非结构性数据，个人数据量并不大，个人可以选择删除，也可以购买空间存储。建议国家依据数据产权归属的正当性，出台法律确定数据产权。

03 数据主权

过去，数据问题一直停留在个人隐私与大数据杀熟方面，但是滴滴被监管事件将数据安全上升到国家安全层面。如今，互联网巨头及大型科技企业掌握了“全民”数据，它们出海融资，进行全球贸易，很可能触发数据对外泄露，卷入国家利益的角逐中。

2020年，特朗普政府曾以TikTok和Wechat涉嫌将美国用户包括联邦工作人员的个人信息如网络位置信息、浏览和搜索信息等未经许可对外输送，可能损害美国国家安全为由，禁止了这两款产品在美国的使用。

欧盟也对谷歌、Facebook等美国巨头大打出手，常常以反垄断之名严惩它们。同时，欧洲通过了《一般数据保护条例》（GDPR）来保护个人数据，来减少科技巨头滥用欧洲人的私人数据。

美国国际政治学家小约瑟夫·奈曾在《理解国际冲突：理论与历史》第八章中谈到信息与国家权力问题，他预言，一场信息革命正在改变世界政治，处于信息技术领先地位的国家可攫取更大的权力，相应的，信息技术相对落后的国家则会失去很多权力。

在全球民族主义、国家主义和民粹主义大势下，数据主权（信息主权）会迅速升温，成为国家间斗争与博弈的“新战场”。

如何改变?

所谓国家主权，是国民通过集体行动让渡部分个人权利形成的公权力，而全球化的过程又是国家主权不断对外让渡的过程。二战后，经济全球化浪潮迭起，很多国家都不同程度地介入到全球化之中，或多或少地让渡了一些主权，如关税、财政、货币及关键资源政策等。数据主权是国民让渡部分数据私权形成的数据公权力。但数据主权的强化以及博弈的升温，是一条相反的道路。

近300多年来，全球化自由市场是一条通往繁荣与和平之路，而自由市场的重要前提之一便是明确国民个人产权。国民个人产权对国家冲突的抑制有其可靠的逻辑：

一是国民享有产权分散了权力与资源，避免了集中化风险。

无论是古代战争，还是近代世界大战，都是国民经济力量集中化的结果。如果所有公司股权国家化，所有家庭房产国家化，原本属于个人间的国际贸易就会变成国家行为，充满着国家意志。国际市场上个人之间的股权交易、房产交易，却是极为普遍与和平的。

如今，全球范围内的数据主权博弈面临的最大挑战是个人数据掌握在互联网平台及大公司手上。这股集中化的数据力量，无法像个人数据一样分散风险，相反容易触发国家间的数据主权冲突。比如，Facebook、谷歌等掌控着欧洲用户的数据，这些平台是否利用流量分发模式，干扰信息流通和信息检索，进而影响欧洲国家的大选及其民主政治？尽管我们很难证实这种可能性，但这并不重要。

二是国民享有个人数据具有正当性，同时还具备经济效率。

上述罗斯巴德用自然法阐述了个人产权的正当性，而个人产权的激励性，也正来源于其正当性。正当性才是经济效率之源。换言之，正当性比经济学坚持的功利主义更为根本。

亚当·斯密的论述往往容易被人忽略："每个政府体系的首要目的都是维护正义，以阻止某些社会成员侵害他人财产，或者攫取不属于他们的东西。这一目的就是让每个人可以安全和平地拥有自己的财产。"

如今全球科技巨头无偿地垄断了个人数据，抑制了个人数据的交易，降低了经济效率。没有个人数据产权，就没有数据交易市场。原本，全球化的数据交易市场，以及纵横交错的分工与协作关系，是抑制国家数据主权斗争的民间力量。虽然欧洲的GDPR在个人数据保护基础上建立了极高的标准，某种程度上可以抑制美国互联网巨头对欧洲个人数据的滥用，但是这一法案并未明确数据的个人产权归属。

二战以后，世界走向繁荣与和平的另外一条可靠经验是有效的全球治理。但是，目前全球化秩序正在遭遇灰暗时刻，数据主权斗争也因此升温。比如欧洲国家对数据实施分类管理，德国要求跨国科技巨头的电信元数据实施本地化存储，法国要求医疗和通信数据限制出境，而对未禁数据开放国际交易与合作，澳大利亚实施《个人控制的电子健康记录法》禁止可识别个人身份的健康数据向境外输出。

所以，即便在数据个人产权时代，国家数据主权的有效行使依然重要。如今，数据集中化、垄断化，加大了数据主权的风险。国家需要立法禁止个人健康数据、生物数据、遗传数据外流，防止被不当使用。

参考文献

[1] 维克托 · 迈尔 · 舍恩伯格. 大数据时代[M]. 周涛，译. 杭州：浙江人民出版社，2012.

[2] 阿尔弗雷德 · 马歇尔. 经济学原理[M]. 廉运杰，译. 北京：华夏出版社，2005.

[3] 穆瑞 · 罗斯巴德. 自由的伦理[M]. 吕炳斌，周欣，韩永强，等译. 上海：复旦大学出版社，2008.

[4] 小约瑟夫 · 奈. 理解国际冲突：理论与历史[M]. 张小明，译. 上海：上海人民出版社，2005.

[5] 坎南. 亚当 · 斯密关于法律、警察、岁入及军备的演讲[M]. 陈福生，陈振骅，译. 北京：商务印书馆，1962.

[6] 亚当 · 斯密. 国富论[M]. 郭大力，等译. 北京：商务印书馆，2015.

信息技术与经济引擎

在经历2022年大通胀后，衰退又成为2023年全球宏观经济的基本预期。

实际上，自2008年金融危机以来，衰退、通胀、停滞、风险便成了世界经济的长期主旋律。经济增长的技术动力消失了吗？

20世纪70年代，美国掀起了一股信息浪潮，信息技术方兴未艾，各国均分享了这场技术盛宴。不过，半个世纪后再看，这场技术革命对经济的推动似乎低于市场预期。而从2008年起，全球经济掉入长期低增长陷阱，通胀、债务和资产泡沫危机如幽灵般缠绕。

难道世界真如泰勒·考恩在《大停滞》中所描述的那样，“低垂的果实”已被摘取，将长期停滞在“科技的高原”上？信息技术革命成果是否被高估？第三次技术革命是否尚未到来，何时到来？

本节从经济学的角度探讨信息技术与经济增长之间的

关系。

01
索洛悖论：信息技术革命成果是否被高估?

20世纪80年代末，美国一位名叫查斯曼的学者调查了292个企业，结果发现了一个奇怪的现象：这些企业的IT投资和投资回报率（ROI）之间没有明显的关联。

1987年，经济学家罗伯特·索洛在《纽约时报》的一篇文章中写了这么一句话：“我们到处都看得见计算机，就是在生产率统计方面却看不见计算机。”（computers everywhere except in the productivity statistics.）他说：“IT产业无处不在，而它对生产率的推动作用却微乎其微。”当年，索洛获得诺贝尔经济学奖，人们开始关注这种现象，并将其称为“索洛悖论”，或叫IT“生产率悖论”（IT productivity paradox）。

索洛是一位在经济增长理论领域具有开创性贡献的经济学家。1956—1957年，索洛在其发表的论文中提出了新的增长模型。他的模型发现了经济系统中存在一些无法解释的增长部分，该部分不是来自劳动力和资本的投入，而是来自技术进步。这个发现为经济学界解释经济增长打开了另外一扇窗户。

技术进步这部分增长被称为索洛剩余，索洛增长模型也成为标准的新古典主义模型。该模型使用的是1909—1949年美国的数据，也可以解释20世纪五六十年代日本和德国的经济增长。但是，这样一位解释经济增长的权威经济学家，却怀疑计算机带来的生产效率。

1997年，摩根士丹利首席经济学家斯蒂芬·罗奇，为了研究美国1973年以来生产率下降的问题，对1977年到1984年期间的资料进行了分析。结果发现，这个时期，美国企业大量的计算机设施投资并没有带来生产率的提高。

生产效率，这个指标不完美，它可能无法衡量环境损失、心理健康和非货币经济，但它还是一个可靠的指标。通常，技术进步推动生产效率的提升，生产效率的提升又促进社会消费福利的增加。

这里使用劳动生产效率这个指标，它反映的是人均单位产出。看具体的数据：1947—1983年美国平均劳动生产率为2.8%，但是计算机和互联网大规模普及之后的2000—2007年，美国平均劳动生产率下降到2.6%。进入移动互联网、智能手机、物联网时代的2007—2014年，美国平均劳动生产率更是下降到1.3%。实际上，2008年金融危机之后到2017年之间，美国的年化劳动增长率只有0.7%。

对信息技术革命持怀疑态度的，还有一位著名经济学家，那就是美国西北大学的罗伯特·高登。高登认为信息技术被高估，并据此判断，2008年金融危机之后，全球经济复苏艰难的原因之一是全球生产率下降。更重要的是，全球生产率减速有可能是长期趋势，将大大降低全球经济中长期增长水平。这就引发了人们对全球经济长期停滞的担忧。

这种现象让人感到奇怪。“索洛悖论”似乎不符合我们的常识和直觉，信息技术革命为何没能持续带来经济高速增长？

特里普利特等学者做了很多研究，试图解释“索洛悖论”。归纳起来有这么几个方面：一是测量方法有问题；二是当时计算机产业还太小；三是技术应用的时滞问题；四是信息技术管理不当；五是信息技术只是替换了劳动力，没有推动生产函数曲线移动；六是信息技术制造了技术性失业；七是“摩尔定律”[①]让生产率指标失效。

关于第七点，很多IT人士和一些经济学者持有这种观点，他们认为信息技术带来的效率不能被传统的经济学统计方法所发现，会出现遗漏。比如，在摩尔定律的作用下，智能手机比当年的“大哥大”移动电话更高效、更便宜。互联网上的搜索引擎、社交工具是免费的，它的效率没有被统计。同时，互联网还出现了共享汽车等非货币经济，没有纳入增加值的统计。

不过，第七点也很容易被反驳。

首先，信息产业催生了一些新业态、新就业，可能存在统

① 戈登·摩尔提出的定律，指集成电路上可容纳的元器件的数目，每隔18~24个月便会增加一倍，性能也将提升一倍。

计遗漏。经济增长通过新技术降低成本或提高性价比，创造有效供给，进而扩大需求和经济产出。比如，智能手机比“大哥大”移动电话更便宜、更高效，它扩大了需求，而今天智能手机产业的产值与市值比20世纪90年代大得多。其次，同样的道理，免费的搜索引擎、社交工具为经济系统提供了便利，也增加了经济产值。比如，微信帮助腾讯扩大了产值，使用微信的人提高了工作效率从而扩大了企业产值。所以，“摩尔定律”和免费经济带来的生产效率提升是容易被测量和统计的。另外，信息技术只会扩大货币经济，而不是缩小货币经济。比如，银行和网络支付系统大大提高了支付效率，使现金支付和物物交换大规模消失。

前些年，泰勒·考恩写了一本书叫《大停滞》，他用“低垂的果实”来解释美国经济“大停滞”。考恩发现，与1947年相比，1973年美国的中等家庭收入翻了一番，达到4.4万美元。但是31年后的2004年，只有5.4万美元，增长不足22%。考恩把这种现象称为“大停滞”。

他认为停滞的原因是“低垂的果实”没有了。比如，17世纪以来，属于美国的“低垂的果实”是闲置的土地资源。但在过去的40年，“低垂的果实”开始消失，他认为美国人普遍没有意识到，美国停滞在了科技的高原上，而树枝几乎已然光秃。

泰勒·考恩的比喻很形象，但是属于古典主义的技术外生性思维。古典主义认为经济增长来自劳动和资本的积累，而技术是外来因素。但是，如果没有新技术和新制度，过去几千年来富余的土地、劳动力以及那些所谓的“低垂的果实”也只能白白浪费。所以，根本上说是新技术和新制度激发了劳动和资本的价值。

根据技术内生理论，对人力资本的投资可以促进技术进步，进而推动经济增长。因此，我们可以沿着内生增长的思路往下探索。

02
抵消效应：生产率提高还是降低？

所幸的是，美国经济学家戴尔·乔根森的扎实研究取得令人欣慰的成果，从而为计算机、互联网和信息产业正名。

首先，乔根森发现，计算机价格的下降促进了计算机的投资增加。1958—1992年美国总投资的年均增长率为3.82%，而计算机投资的年均增长率为44.34%。计算机服务价格每年下降23.22%，但可比的服务投入则年均增长52.82%。

其次，乔根森构建了信息技术时代资本与劳动投入的不变质量指数，发现1990年后信息技术投资对经济增长的贡献越来越重要。1948—1999年，美国经济年均增长3.46%，信息技术贡献了0.4%，贡献率为11.5%。1990—1995年，经济年均增长率为2.36%，信息技术的贡献达到0.57个百分点，贡献率超过24%。1995—1999年，美国经济年均增长率为4.08%，信息技术的贡献达到1.18个百分点，贡献率达29%。乔根森等研究还发现，1995—2001年美国劳动生产率年均增长2.02%，而信息技术资本投资贡献了近0.85个百分点，贡献率为42%。

最后，乔根森等分析了1960—2005年美国85个行业的产出、投入和生产率增长情况。他们把美国行业分为4个IT行业、28个IT使用行业以及53个非IT使用行业，尝试在行业层面理解美国的生产率增长。

研究发现，2000—2005年信息技术资本对美国经济增长的贡献主要体现在28个IT使用行业中的8个行业，包括银行、保险、贸易等。这些行业大规模使用IT设备与网络，大大降低了成本。乔根森也发现，1995—2000年四大信息技术制造业（计算机与办公设备、计算机服务、电子元器件、通信设备）仅占GDP总量的3%，却为GDP增长做出了25%的贡献。2000—2006年美国生产率增长的主要驱动力也来自金融、零售、制造业等行业，这些行业对信息技术的投资力度很大。

乔根森还采用1975—2003年数据研究了日本经济：日本经济在20世纪90年代是否从信息技术的进步中获益？他发现日本20世纪90年代后半期IT投资迅速增长提高了劳动生产率。

从乔根森的研究中可以看出，信息技术投资切切实实地促进了相关产业增长和劳动生产率的提高。但是，为什么还会存在“索洛悖论”？为什么世界经济在2008年后出现“大停滞”？

我认为有一点不能忽视：抵消效应。生产效率，被很多因素影响，比如技术创新、货币和财政政策、经济周期、人口老龄化、地缘政治危机和战争、资本转移和技术扩散等。但是，实证研究假定其他因素不变，只考察信息技术与生产率的因果关系。这是方法论的问题。实际上，信息技术带来生产效率，可能被其他因素带来的负面作用所抵消。

比如，20世纪70年代美国劳动生产率开始下降，这与1971年布雷顿森林体系崩溃有关，还与世界石油危机、美联储失败的货币政策以及持续大通胀有关。又如，20世纪90年代之后的日本，计算机和互联网大规模普及，但是，经济泡沫崩溃导致大量企业破产，家庭资产负债表衰退，同时叠加人口老龄化加速，日本经济持续低迷。再如，2008年之后的经济停滞，可能是国际金融危机以及不当的货币政策，抵消了信息技术带来的劳动生产率的提升。

通俗来说，有人拖了信息技术进步的后腿。谁拖了后腿？想要找到阻碍经济增长的因素并不容易，经济学家常常“误伤友军”。

20世纪30年代大萧条期间，人们很悲观，经济学家凯恩斯发表了一份演讲稿，题为《我们孙辈的经济可能性》。凯恩斯是乐观的，他认为技术进步给经济带来快速的变化和节奏，并且预言，生产率和生活水平将在一个世纪的时间里提高4~8倍。后来，这个预言在西欧基本实现了。但是，他在文章中提出了一些担忧，他说，生产效率的提高也相应带来各种各样有待解决的问题，比如“技术性失业”现象。这就是“凯恩斯生产率悖论”。在《通论》出版后，凯恩斯在他的“担忧”上增加了收入分配问题。后来，罗宾逊夫人、斯拉法等经济学家继承了这个观点，认为收入分配问题反噬了经济增长。

根据世界银行的数据，美国收入最低的20%的居民的收入比重，从1979年的6.5%，降到1986年的5.6%，2018年进一步下降到5.2%。

问题是，上述数据反映的美国贫富差距扩大化，到底是自由市场、金融自由化、信息技术进步等合意因素带来的，还是有缺陷的经济制度、失当的货币政策等非合意因素造成的？

对此，经济学家争论不休。乔治梅森大学教授泰勒·考恩，他与罗伯特·高登一样，也是研究“经济停滞”的经济学家。考恩在2011年发表文章认为，早期的技术进步更具有分享性，后来的技术进步则更偏于提高资本收益，缺乏包容性和分享性，因而导致收入差距扩大和贫富分化，由此产生了一系列不利于经济增长的因素。

麻省理工学院经济学教授达龙·阿西莫格鲁在2014年发表了一篇名为《索洛悖论的回归》的文章，他发现了三种现象：第一种现象是如今生产率的统计中处处有计算机（新技术）的作用，也就是说“索洛悖论”似乎不存在；第二种现象是计算机等新技术替代了劳动力，导致了就业壁垒增加，劳动者地位降低；第三种现象是美国的生产率增长与平均工资增长日益脱钩。阿西莫格鲁的结论是计算机促进了经济发展但不利于劳动者。

其实，我们只需要关注非合意因素。货币超发支持金融企业和科技企业扩张，同时引发资产泡沫和通胀危机。全球化过程中资本自由流通，劳动力不能自由流通，这制约了工资上涨，扩大了劳动与资本之间的收入差距。经济学家斯拉法最早发现了这个问题。

总结起来，制度缺陷等不合意的因素导致经济增速下降，可能抵消了信息技术对生产效率的提升作用，抵消了信息技术对劳动者收入的促进，还推动了金融资产增加，导致贫富差距扩大。

所以，信息技术带来的经济增长及其核算其实并没有特别之处，只是增长率被其他不合意因素干扰，从而让人容易误解信息技术的实际作用。当然，不合意因素是否还抑制了技术进步，在此不做讨论。

03
效率革命：何谓第三次技术革命？

不过，不合意因素不能解释一切。通过比较经济增速可以发现，信息技术革命带来的增长率其实不如前两次工业革命。以美国为例，第二次工业革命后的1870—1921年，经济平均增速为3.69%；信息技术革命之后的1970—2021年，经济平均增速下降到2.67%；移动互联网普及之后的2008—2021年，经济平均增速进一步下降到1.51%，处于低增长状态。

如果排除非合意因素，那么这里存在另外一种可能，是不是信息技术的应用还不够广泛？或者说，过去50年的信息技术革新力度，对经济与社会的整体改变，还不能与第一次、第二次工业革命相提并论？在2002年的一次采访中，索洛仍然认为，“在我看来，将计算机与电力或内燃机进行比较还不太合理”。当前，可能是第三次技术革命的前奏与前夜，也就是与前两次相媲美的技术革命还没真正到来。当年，亚当·斯密发表《国富论》的时候，英国工业革命刚刚开始，但是他也没意识到这个国家将迎来一场生产力的革命。其实，他在格拉斯哥大学任教时与瓦特还有交集。格拉斯哥大学曾经资助过瓦特的蒸汽机改造项目，斯密还给瓦特安排过宿舍。

这个时代，索洛、高登是不是当年的斯密呢？未来的“蒸汽机”又是什么呢？是人工智能、基因技术，还是信息技术集合的广泛应用？马化腾曾在2020年提出一个关于技术集合的新概念，叫作“全真互联”。腾讯和埃森哲2022年9月联合发布的《全真互联白皮书》指出，全真互联是通过多种终端和形式，实现对真实世界全面感知、连接、交互的一系列技术集合与数实融合创新模式。

笔者的理解是，全真互联是一个服务于数实融合的技术集合，包括物联网、数字孪生、人工智能、区块链、云计算等众多领域的技术。不过，仅仅是用技术集合的概念去理解第三次技术革命并不完美，关键是我们需要找到一种解释经济增长的逻辑。

当我们在谈论电力革命的时候，实际上在说交流电的发明与应用方面的技术创新革命；当我们在谈论石油革命的时候，实际上在说石油作为一种能源和基础化工材料的技术创新革命。当我们在谈论全真互联革命或信息技术革命时，我们到底在谈论什么？

从经济学的角度来看，任何技术革命都是效率革命，准确来说是资源利用和配置效率革命。电和石油的发现，历史非常久远，为什么近100年才出现电力革命和石油革命？其中一个重要原因是，技术创新大大提高了电力和石油这两种资源的利用和配置效率。再往前追溯就是基础科学革命，麦克斯韦解开了电与磁之谜。在发现了电磁感应后，产生交流电流的方法就被发现，然后出现了交流电和无线电。石油革命要追溯到化学革命，现代化学让我们认识了各种原子的特性以及化学反应，然后才有石油应用技术的大规模创新，提炼和有机合成出燃油、沥青、涂料、溶剂、合成橡胶、塑料、涤纶等5000多种材料。

按照资源利用和配置效率革命的思路，我们再看信息技术革命或叫第三次技术革命。信息技术革命的资源是什么？什么资源的效率飞跃可能触发第三次技术革命？

笔者的理解还是信息。从经济学的角度来看，我们将信息视为一种重要的资源，信息资源的利用和配置效率革命是信息技术革命的本质。我们从三个层面来理解信息的效率革命：

第一层面是数字化：万物皆数。

数学家说万物皆数，主观主义者认为一切都是主观信息。过去，信息技术一直将现实世界信息化、数字化。今天，股票交易市场已经将企业资产信息化、标准化，金融学称之为资产证券化。银行和微信支付已经实现将货币电子化、数字化，线上支付很大程度上取代了现金支付。石油资产也被可以数字化、资产证券化，那就是石油期货。区块链技术试图将所有资产上链，包括房产、土地、专利和数字货币。虚拟现实和数字孪生技术不仅将现实世界数字化，还试图映射一个个全面信息孪生体，实现全面感知、全真体验。

数字化不仅包括区块链、数字身份、链计算、加密技术、多方系统、可信协议技术，还包括数字孪生、可编程物质、实时渲染、空间计算、孪生视频等技术。比如，可以通过这些技术将具有危险性的工程操作转化为数字化的全真场景，从而提高施工的准确性，降低其危险性。

数字化是信息资源配置的第一步，为效率革命提供基础性资料。

第二层面是流动性：万物融合。

从经济学的角度来说，任何资源或资产，如果没有流动性就没有了价值。股票、电子货币、石油期货的流动性非常大，极大地提高了资源利用和配置效率。信息作为一种资源，最大特点是具有高度标准化的无差别的跨越时空的流动性。流动性是信息资源利用和配置效率提升的关键。没有任何一种资源，在流动性上能够与信息相提并论。可以这么说，信息革命，一半是流动性革命。

今天，我们对信息流动性的要求更高：时空互联互通，虚实完全融合，万物无限连接。信息的流动性包含互联网、移动互联网、区块链、点对点技术、物联网、多模拟融合感知、触觉反馈、全息投影、脑机接口、远程互交技术。比如，可以通过这些技术模拟一个工业品展示会场，参与者不仅可以跨时空交流，还可以虚实完全融合，通过脑机接口完成真实的现场互交。

第三层面是智能化：万物智能。

流动性主导了一半的信息革命，主导信息革命的另外一半是智能化。从经济学的角度来看，流动性促使生产函数中的产出水平提升至更高水平，而智能化则可以推动生产效率质变，从而带来效率革命。

智能化是对信息这种资源进行加工、挖掘、再生和深度学习，以最大限度地提高资源利用效率，同时以成本更低、更加精准、更具预测性的方式配置资源。智能化的想象空间很大，很可能引发行业效率革命。

智能化不仅包括人工智能、大数据、低代码、人工智能芯片、数智人、复杂任务机器人、泛在智能等技术，还包括云计算、5G、量子计算、无限算力等技术。

所以，我们可以通过信息资源的利用和配置效率这个主线来理解第三次技术革命。与石油革命、电力革命类似，当我们在谈论信息技术革命时，实际上就是信息这种资源的利用和配置效率革命。但是，我们需要解决一个问题：未来的信息技术革命跟过去半个世纪的信息革命有什么区别？程度上的差别。从半导体、计算机、互联网到移动互联网、物联网，再到全真互联、元宇宙、量子计算，是信息资源利用和配置效率的高低不同，是数字化、流动性、智能化三个层面的水平的差别。

当前，信息的数字化程度还不够，流动性受限于数字化程度，智能化才刚刚开启。概括以上三个层面——万物皆数、万物融合、万物智能的关系，数字化是躯体，流动性是灵魂，智能化是大脑。满足这三个条件可能才是真正的第三次技术革命。

思考不止，技术变革不息。

参考文献

[1] 泰勒 · 考恩. 大停滞：科技高原下的经济困境：美国的难题与中国的机遇[M]. 王颖，译. 上海：上海人民出版社，2015.

[2] 贺得力，尹恒. 戴尔 · 乔根森对当代经济学研究的贡献[J]. 经济学动态，2018（5）.

[3] 蔡昉. 解读“凯恩斯悖论”：关于生产率分享的思考[J]. 经济思想史学刊，2022（2）.